U0622051

复杂机场航班起降调度
理论与方法

张启钱 卜 建 著

科学出版社

北 京

内 容 简 介

本书具有较强的系统性、前瞻性和应用创新性，是国内第一部全面深入介绍复杂机场航班起降调度理论与方法的学术专著，主要内容包括：综述航班调度领域国内外相关研究与应用的现状以及面临的热难点和关键点问题；建立起降航班流态势属性测度模型与方法，阐述复杂机场起降航班流的运行特性；提出复杂机场航班起降独立调度、联合调度和协同调度的模型与方法体系。

本书适合高等院校民航运输相关专业的本科生、研究生，以及从事空中交通管理的科研人员和行业人员阅读。

图书在版编目（CIP）数据

复杂机场航班起降调度理论与方法/张启钱，卜建著. —北京：科学出版社，2017.11

ISBN 978-7-03-055416-1

Ⅰ.①复⋯　Ⅱ.①张⋯ ②卜⋯　Ⅲ.①机场–航班–调度　Ⅳ.①F560.1

中国版本图书馆 CIP 数据核字（2017）第 282514 号

责任编辑：阚　瑞　余　丁/责任校对：马路遥
责任印制：张　伟/封面设计：迷底书装

科 学 出 版 社 出版
北京东黄城根北街 16 号
邮政编码：100717
http://www.sciencep.com

北京建宏印刷有限公司 印刷
科学出版社发行　各地新华书店经销
*

2017 年 11 月第 一 版　开本：720×1000　B5
2018 年 1 月第二次印刷　印张：8 3/4　插页：2
字数：160 000

定价：**58.00 元**
（如有印装质量问题，我社负责调换）

前　言

航空运输业的快速发展引发空中交通流量持续增长，空中交通供需矛盾日益加剧。机场跑道系统是航空系统延误的主要源头，提升跑道运行效率是维持和增加整个空中交通系统容量的关键。因此，系统地研究复杂机场航班起降调度理论与方法，科学地配置机场有限的时空资源是提升机场运行安全与效率，缓解航班延误的重要手段和必然选择。

本书全面分析航班调度领域国内外理论研究和应用现状及面临的热难点、关键点问题，首次阐述复杂机场起降航班流的运行特性，系统提出复杂机场航班起降独立调度、联合调度和协同调度的模型与方法体系，主要内容包括以下几方面。

（1）研究复杂机场起降航班流运行特性理论，给出航班流流量、密度和速度相关定义及其相互关系；遴选对交通密度敏感的基础状态指标和当量交通量复合指标，建立起降航班流态势属性测度模型与方法；分别采用实测数据、数学建模和微观仿真方法，建立起降航班流互作用模型，揭示起降航班流之间的耦合制约影响特征，为开展复杂机场航班起降调度方法研究提供理论基础和依据。

（2）研究复杂机场航班起降独立调度方法。基于滚动时域控制策略的单机场单跑道进场多目标调度模型，采用遗传算法高效求解了延误时间最小、延误成本最小以及混合目标下的优化调度结果；建立多机场系统离场优化调度模型并设计禁忌搜索算法进行求解，采用蒙特卡罗方法验证分析不同定位点限制间隔和飞行时间对排序结果的影响。研究可为单机场进场高峰时段和多机场离场运行提供决策参考。

（3）研究复杂机场航班起降联合调度方法。以滚动时域控制策略为基础，考虑多跑道进离场管制运行条件和安全要求等限制因素，分别构建航班延误总时间最小的单目标，以及权衡航班延误与管制工作负荷的多目标优化函数，建立多跑道起降航班联合调度动态排序模型，设计基于滚动时域控制的遗传算法，验证不同目标设置下的优化调度性能，可提升不同决策目标下多跑道机场运行能力和安全性。

（4）研究复杂机场航班起降协同调度方法。提出多机场系统起降航班流量协同调配方法，建立多机场开放网络模型和用户均衡配流模型，分析不同均衡约束参数值下结果敏感性；研究多主体决策下航班起降次序协同调度方法，采用多智能体系统建立航班次序调度协调交易模型和次序交换调度模型，实现协同决策机制下航班起降顺序的二次分配。研究可为科学平衡多机场系统容流关系，提升协同决策环境下航班运行效率提供理论方法支撑。

本书的研究不仅完善了航班调度理论与方法，且对复杂机场规划、运行及管理等具有较强的指导意义。本书得到了南京航空航天大学胡明华教授的长期指导和帮助、得到了国家空管飞行流量管理技术重点实验室张洪海、王艳军、刘继新、田勇、赵征、谢华、彭瑛等老师和李印凤、杨磊、袁立罡、尹嘉男、施赛峰、杨晶妹等同学和朋友的大力支持、协助编写和出版资助，在此表示衷心感谢！限于作者水平，书中难免有不妥之处，恳请读者批评、指正！

张启钱

2017 年 8 月 1 日

注 释 表

F_{ARR}	跑道到达流量
μ_{ARR}	跑道跟进到达航空器间隔余度均值
σ_{ARR}	跑道跟进到达航空器间隔余度方差
p	航空器序号
P_1	机型代号
P_2	机型代号
x	横坐标，正方向表示东
y	纵坐标，正方向表示北
h	惯性高度
h_p	气压高度
ϕ	航向角
γ	航迹角
φ	倾斜角
α_t	发动机安装角
α	几何安装角
$W_x,\ W_y,\ W_h$	风速在东、北、前三个方向分量
$\dot{W}_V, \dot{W}_\phi, \dot{W}_\gamma$	风速加速度在东、北、前三个方向分量
$\dot{m}_f$	燃油消耗率
M	马赫数
V_{CAS}	修正空速
V_g	地速
p	大气压力
a	声速
$()_{sl}$	修正海平面气压参数
K_m	飞行流量的月变化系数
K_w	飞行流量的周变化系数
K_{wav}	不同流向航空器比例
K_{fl}	不同高度层航空器比例

K_{area}	不同区域航空器比例
n_{way}^i	i 航路走向上航空器的数量
N_{way}	航路上航空器总数
n_{fl}^i	i 高度层上航空器数量
n_{area}^i	i 分区内航空器数量
N_{area}	目标区域内的航空器总数
h_d	机头间距
L_n	第 n 架飞机的机身长度
$h_{d,\,n+1}$	第 n 架与第 $n+1$ 架飞机之间的间隔
$\bar{u}_l^t$	时间平均速度
$\bar{u}_l^s$	空间平均速度
$\bar{V}_t$	t 时刻终端区内交通流平均流速
$S_{V,\,t}$	速度标准差
C_t	交通混合系数比
S_t^{Hd}	航向标准差
$N_{e,\,t}$	当量航班数
U_t	时刻 t 终端区交通拥堵状态值
C_p	终端区最大瞬时容量
K_t	基础状态指标系数
$k_{\bar{v},\,t}$	时刻 t 速度指标系数
$k_{s^v,\,t}$	时刻 t 速度标准差指标系数
$k_{s^{Hd},\,t}$	时刻 t 航向标准差指标系数
$k_{c,\,t}$	时刻 t 交通混合比指标系数
V_i	i 机型航空器进近速度
δV_i	i 机型航空器速度不确定性，假设该值符合均值为 0，标准差为 σV_i 的正态分布
X_n	航空器 n 距最后进近航段起点的距离
p_i	i 机型航空器的概率
t_{L0}	航空器 L 穿越跑道端的时刻
D	最后进近航段长度
S_{ij}	最后进近过程中 i 机型航空器跟随 j 机型航空器飞行应保持的最小间隔
μ	管制员针对连续进入最后进近航段航空器实施的时间间隔
R_{a_i}	i 机型航空器进场跑道占用时间

缩 略 语

4D	4 Dimensions	4 维
ACAS	Airborne Collision Avoidance System	机载防撞系统
ADS-B	Automatic Dependent Surveillance-Broadcast	广播式自动相关监视
AMAN	Arrival Management	进场管理
ANN	Artificial Neural Network	人工神经网络
AOC	Airlines Operation Center	运行控制中心
ASBU	Aviation System Block Update	航空系统组块升级
ASA	Automatic Slot Assignment	自动时隙分配
ATWIT	Air Traffic Workload Input Technique	空中交通负荷输入技术
ASP	Aircraft Sequencing Problem	飞机调度问题
ATC	Air Traffic Control	空中交通管制
ATFM	Air Traffic Flow Management	空中交通流量管理
BFGS	Broyden-Fletcher-Goldfard-Shanno Method	BFGS 算法
BP	Back Propagation	反向传播
BDI	Belief-Desire-Intention	信念-愿望-意图
CDM	Collaborative Decision Making	协同决策
CPS	Constrained Position Shift	约束位置交换
CSH	Cheapest Search Heuristic	最廉价启发式搜索算法
DMAN	Departure Management	离场管理
ETA	Estimated Time of Arrival	预计到达时间
ETD	Estimated Time of Departure	预计离场时间
FAA	Federal Aviation Administration	美国联邦航空局
FCFS	First Come First Served	先到先服务算法
GA	Genetic Algorithm	遗传算法
ICAO	International Civil Aeronautical Organization	国际民航组织
IFR	Instruments Flight Rules	仪表飞行规则
RHC	Receding Horizon Control	滚动时域控制
MAS	Multi-Agent System	多智能体系统
MIT	Minutes-in-Tail or Miles-in-Tail	尾随间隔

续表

MOOM	Multi-Object Optimization Model	多目标优化模型
MADSP	Muti-Airport Departure Scheduled Problem	多机场离场排序问题
STA	Scheduled Time of Arrival	实际到达时间
SID	Standard Instrument Departure	标准仪表离场程序
SADSP	Single-Airport Departure Scheduled Problem	单机场离场排序问题
TA	Time Advanced	时间提前

目　　录

第1章 绪　　论

1.1　研究背景与意义

随着全球化时代的到来，航空运输已经成为近四十年来最主要且不可或缺的交通方式之一。在国际社会经济环境错综复杂的形势下，我国航空运输需求持续旺盛，空中交通量增速迅猛，2013 年，全国民航运输机场完成旅客吞吐量 7.54 亿人次、货邮吞吐量 1258.52 万吨、起降 731.54 万架次，分别比 2012 年增长 11.0%、4.9%和 10.8%，目前，国内年旅客吞吐量 1000 万人次以上的运输机场有 24 个，其中，北京、上海和广州三大城市机场旅客吞吐量占全部机场旅客吞吐量的29.0%[1]。然而，空中交通需求与国家空域系统容量、空中交通管理能力之间的失衡导致了空中交通系统抗干扰能力不强，空中交通延误频发，旅客满意度持续下降，航班延误已经成为社会广泛关注和议论的焦点，损害了民航的社会形象，在一定程度上阻碍了民航和社会经济发展的进程[2, 3]。据《中国大陆地区 2014 年航班准点率报告》显示，2014 年，中国大陆地区机场平均放行准点率为 65.44%，乘客和机组花在等待飞机起飞上的时间累计长达 122051896min，客运航班平均延误时间为 19min，已经成为全球航班延误最严重的国家[4]。为满足持续增长的空中交通需求，各界人士从不同角度探寻空中交通系统扩容方案。然而，机场新改扩建往往需要花费大量时间，且受土地和空域等客观资源的限制，特别是多机场系统内的机场扩建更是举步维艰、耗时耗力，难以在短期内满足空中交通需求的增长，从而使得机场成为整个国家空中交通网络的瓶颈点。

复杂机场一般是指物理规模庞大、空域网络交错、交通流量密集、资源限制多的大型繁忙机场，呈现运行高风险、保障高压力、管制高难度等显著特点，是空域拥挤、航班延误、冲突频发的热点区域，是影响整个空中交通运行效率的核心节点，也是国家空中交通网络瓶颈点中亟须突破的难点。20 世纪末，欧洲提出机场协同决策理念，旨在通过在空管、航空公司和机场之间共享交通运行信息，建立共同的情景意识，从而协商确定航班起飞时刻与推出时刻，一定程度上缓解了机场交通拥堵问题，减少尾气的排放和噪声污染，提升旅客的舒适感。2012 年我国民航局适时部署全国机场协同决策（Collaborative Decision-Making，CDM）系统建设，以期提升复杂机场运行效率、经济性和环保性，缓解"关舱门后旅客长时间等待问题"。然而，由于缺乏科学、明确的空中交通流量管理核心技术方法和系统支撑，当前协同决策仅停留于信息共享的初级阶段，难以充分实施协同决策思想，提升机场系统服务能力。随着航空运输业的快速发展，空中交通需求的迅速增长，人为决策的空中交通管理模式势必难以满足日益增长的空中交通需求，必然引发机场飞机严重积压与高成本的空中等待，不仅影响航空运输企业效益和信誉、影响社会经济的发展，还影响航班正常飞行、危及飞行安全。因此，基于复杂机场现实运行问题，面向我国建设现代化空中交通管理系统宏伟战略目标，以及国际民航组织发布的航空系统组块升级（Aviation System Block Update，ASBU）计划中机场运行绩效领域升级要求，亟须开展复杂机场航班起降调度理论与方法研究，探索跑道起降航班流基本属性与耦合特性，系统建立各类跑道类型和运行模式下的起降航班调度方法，完善空中交通管理相关理论基础和方法体系，对于缓解机场交通拥塞，提高系统资源利用率，增加飞行流量，保障飞行安全、减少航班延误，提高航空运输企业效益和信誉，促进社会经济发展等具有重要意义。

（1）有利于科学制定机场拥塞缓解策略。通过研究复杂机场起降航班流基本属性和耦合运行特性，揭示制约机场运行能力的关键要素，可为明确机场起降航班流调度策略实施对象、作用范围和持续时间提供决策依据。

（2）有利于系统解决机场供需失衡问题。通过研究不同跑道类型和运行模式下航班起降调度问题，可以最优利用容量、最佳分配流量，系统性解决单跑道、多跑道、多机场等各种场景下容需失衡问题，以实现容量利用和流量分配的最优化与经济性。

（3）有利于协同解决航班起降次序问题。通过研究多主体决策下的起降次序协同调度问题，综合考虑空管、机场和航空公司等各因素，为航班科学调配起降次序，以确保飞行安全，提高跑道利用率，减少延误损失，降低管制负荷，实现安全、高效和公平地调控航空器。

1.2 研究现状综述

1.2.1 研究现状

机场航班起降调度问题主要是航班排序问题，研究起步于 20 世纪 80 年代，取得了较为丰硕和系统的理论与应用研究成果，欧美等航空发达国家和地区已经逐步推行进离场排序系统作为管制员的辅助决策工具。航班排序常用方法包括先到先服务、时间提前、约束位置交换、滑动窗优化以及模糊模式识别等算法。此外，还有研究通过建立问题的混合整数线性规划模型，采用分支定界法、遗传算法或模糊方法等进行求解。按研究对象可分为进场排序、离场排序和进离场协同排序。

1. 进场排序问题

航班进场排序问题最早可追溯到 1980 年，Psaraftis 采用动态规划方法求解单机场航班调度问题，并将该方法应用于进场航班排序[5]。为求解方便，该方法假设具有相同性质的工作以最小化加工成本为目标。Bianco 等在此基础上建立了进场排序问题的 NP（Non-Deterministic Polynomial）-hard 组合模型，并发现当准备时间为 0 的情况下，所构建的公式弱化为不对称旅行商问题，表明跑道排序问题是一个 NP 完全问题[6]。然而，该研究忽略了航空器运行时间限制和非连续运行之间所需的时间间隔。事实上，对于一个三元航空器组中的连续航空器施加时间间隔，并不能自动保证第一和第三架航空器间满足间隔要求。Beasley 等采用混合整数线性规划作为描述跑道排序问题的基础，通过计算结果表明建模工作的有效性与优越性[7]。然而，该方法无法在合理有限的时间内完成真实交通规模下的优化运算，其主要原因是在弱线性规划松弛下采用"大 M"法模拟非凸结果。因此，确定性建模与求解结果可以成为验证启发式算法有效性的佐证，但无法应用于实际航班排序中。

由于航班排序问题是一个典型的 NP-hard 问题，在很长的一段时间中，研究者找不到一种高效的算法求解最优或者近似最优解。在 20 世纪 90 年代初，随着人工智能的兴起，研究者基于航班排序问题提出一些近似求解算法。其中最著名的是约束位置交换（Constrained Position Shift，CPS）启发式算法，该算法通过寻找使得吞吐量最大的序列，选择延误最小情况下吞吐量最大的排序方式，可用于解决静态和动态航班着陆排序问题，并通过采用快速仿真方法比较 CPS 与先到先服务策略，验证了该算法的有效性和高效性，成为了航班排序领域内的重要基础。至此，贪心算法、元启发式算法等近似求解方法得到广泛关注。

1997 年，Bianco 等开展多跑道航班排序问题研究。研究将排序问题映射成具有序列相关调整时间和释放时间的确定性生产车间调度问题，并提出了一种快速动态的局域启发式算法——最廉价启发式搜索（Cheapest Search Heuristic，CSH）算法[6]。研究结果表明，该算法与先到先服务相比可平均提升容量 30%，降低延误 40%，具有显著的优化效果。

2000 年，Carr 等提出了优先级排序概念，将航空公司着陆偏好融入空中交通管制自动化的排序算法中[8]。该优先级排序是将按照预计到达跑道时间排序的航班队列作为初始值，而非先到先服务顺序。研究表明，该方法相较先到先服务在减少调整航班数量上具有一定优势，但可能导致排序效率的降低。

2006 年，Pinol 等在静态运行环境下进场排序研究基础上考虑动态落地时间问题[9]。研究为落地时间的动态变化定义了一个通用的决策框架，即当需要制定排序决策时，时间更替问题才会触发产生，并且新决策的制定必须与旧决策具备外显关系。为求解落地时间的动态更替问题，研究者采用三种算法：一个精确优化和两个启发式优化。研究结果表明，由于受时间限制，启发式算法相较精确算法具有更好的求解质量。

2006 年，Balakrishnan 等提出的 CPS 算法可有助于维持航空器运行人员间的公平性并增加了着陆时间的可预测性[10]。研究以 CPS 为基础建立跑道排序的动态规划算法，以最大化吞吐量或最小化运行时间为目标，考虑时间窗和优先权等相关系统约束，为多跑道运行条件提供了优化思路。

2007 年，Bauerle 等研究了进场航班的排队过程以及蕴含的机场容量问题[11]。研究认为航班到达时间间隔可假设为泊松过程，并采用 M/SM/1 队列模拟单跑道运行。在此基础上，研究拓展至双跑道运行，构建了启发式路径选择策略，包括公平抛硬币法、随机分割法、循环法、改进的加入最小负载法等。研究结果表明，加入最小负载法产生的平均延误最小，随机分割法结果最不理想。

2008 年，Soomer 等以单跑道为对象开展类似的工作，并将航空公司成本考虑在内[12]。研究构建混合整数线性规划模型与局域启发式算法，以预计到达时间排序结果作为初始可行解，并采用邻域交换和移动提升初始解效率。研究结果表明，该算法可达到数分钟 100 架次的处理能力，与实际运行相比，能够为航空公司节省巨大成本。

2011 年，Yu 等提出了元胞自动机优化算法解决单跑道进场航班排序问题[13]。该算法包含两个主要步骤：首先采用元胞自动机仿真航班着陆过程，得到一个较好的着陆顺序；进而采用随机局域搜索算法从上一步可行序列中得到优化解。研究结果表明，与基于线性规划的树搜索、启发式算法、蚁群优化、分散搜索和生物学算法等相比，元胞自动机优化算法在绝大多数情况下无论是求解质量和运算速度均具有优越性。

随着多机场系统的兴起，多机场进场航班排序成为研究热点。2010 年，Saraf 等分别以先到先服务、独立排序和繁忙机场优先三种方式研究进场排序问题，并进行了实例验证与比较[14]。2011 年，Daniel 等以航空公司为对象，以航空公司运营、航班时刻表安排和多机场进场时刻排序为要点，探讨多机场系统运行灵活性问题[15]。2015 年，马园园等引入多元受限时间窗理念，建立了多机场终端区进场航班协同排序模型，设计了带精英策略的非支配排序遗传算法，系统研究了多机场终端区进场航班协同排序问题[16-18]。

2. 离场排序问题

由于着陆航班较离场航班具有较高的优先级，所以国内外学者的研究起初主要集中于进场航班的调度问题上，离场航班排序研究较少。2001 年，Anagnostakis 等以自动化决策辅助系统为背景提出离场排序框架和算法，旨在辅助空中交通管制员管控离场交通，缓解场面拥堵与延误带来的不利影响[19]。2004 年，Capri 等提出了离场航班排序的动态模型，考虑了变量的时变性，采用遗传算法求解单跑道离场问题，验证了模型与算法的高效性[20]。2007 年 Atkin 等提出了基于禁忌搜索算法的离场航班排序方法并应用于伦敦希思罗国际机场[21]。2009 年，Gupta 等以达拉斯机场运行为背景，以最大化吞吐量、最小化系统延误和最大个体延误为多目标，兼顾效率与公平，以尾流间隔、离场点间隔为约束，兼顾跑道与空域，建立了基于混合整数线性规划的离场航班排序模型[22]。该模型具有很强的通用性，并能够解决各类场景下的离场排队问题。2009 年，王飞等考虑航班正常率、旅客延误成本和基尼系数等多目标问题，建立离场时隙控制的多目标优化方法，探讨了离场时隙分配多目标矛盾与转换[23]。

3. 进离场协同排序问题

2010 年，Atkin 等研究发现，之前的研究由于面向机场和利益相关者的不同，航班排序所使用的目标与约束具有很大差异，但混合整数线性规划和遗传算法成为了研究该问题的标准模板[24]。研究认为，跑道进场与离场排序之间具有强烈的相关性，并且跑道排序与机场场面运行问题具有强烈的相关性，需要联合考虑。2010 年，Sherali 等开始着眼进离场航班联合排序问题的研究[25, 26]，采用不对称旅行商问题进行描述，以最小化运行时间为目标，考虑相关时间间隔和时间窗限制。在此基础上，2012 年，Al-Salem 等建立混合整数线性规划模型，构建有效的不等式和对称性约束[27]。2013 年，Hancerliogullari 等开展多跑道混合运行模式下航班排序研究，旨在同时优化进离场航班运行效率[28]。该方法将航班排序问题描述为具有非均等准备时间、目标时间和时间限制的平行机调度问题，并提出带间隔与准备时间的适应性直观延误成本的贪婪算法。

进离场协同排序问题涉及协同决策下的起降容量的转化。国内外学者在机场容流协同调配方面取得的许多进展可为研究进离场协同排序提供基础。Gilbo[29]、余江等[30]、马正平等[31]和陈欣等[32]以进离场延误航班总量最小为目标提出容流优化配置方法；Paolo 等以最小化航班延误时间为目标建立优化模型，采用动态规划的方法研究容量配置问题[33]。2000 年，Gilbo 等把进场与离场视为密切相关的过程，提出 CDM 下进离场协同流量管理策略和协同容流优化模型[34]。2008~2009 年，张洪海等基于容量动态限制和进离场容量相互转化，研究 CDM 下机场及终端区进离场流量与容量匹配问题，提出了容量利用和流量分配协同优化策略，可以在充分利用容量与最小化航班延误损失的同时兼顾航空公司的利益，使该问题更趋合理[35, 36]；并进一步综合考虑空中交通管制、航空公司和机场等因素，建立了多跑道降落航班协同调度优化模型，可以在满足安全性和公平性约束条件下，寻求总延误成本最小的航班排序方案[37, 38]。

1.2.2 研究分析

自20世纪80年代以来，机场航班调度研究领域围绕航班排序问题取得了较为丰硕的理论和应用研究成果。总的来说，按研究对象可分为进场排序、离场排序和进离场协同排序；按照问题性质可分为确定性规划、不确定性/随机规划等；按照求解算法可分为准确性算法、启发式算法、元启发式算法等。然而，目前该领域的研究还存在研究对象不够全面、研究手段较为固化、优化方法偏于静态、限制条件较为理想、优化目标不够立体等问题。具体表现在：一是研究对象主要集中于进场航班，离场航班排序问题探讨较少，造成进离场航班排序问题研究的割裂，特别是多机场系统内进离场航班的协同调度问题鲜有研究；二是研究手段主要分为线性规划和机器调度两类，混合整数线性规划加智能算法已经成为研究该问题的固有配置，其运算的时效性制约了排序问题向大规模大范围网络化的扩展；三是优化模型以静态和确定性排序为主，时间窗的提出虽然可以有效地提高模型作用的实时性，但并没有从根本上解决动态性和不确定问题；四是模型限制因素没有全面综合考虑终端区进离场航线结构、航空器性能、公共进离场定位点、扇区/航路运行容量限制、管制规则协议等多元约束条件，以及进场航班和离场航班之间的相互影响，在目标需求上也比较单一，尚未综合考虑空管、机场、航空公司各个方面的需求。

1.3 研究内容及创新

1.3.1 研究内容

在国内外机场航班进离场排序现有研究成果的基础上，系统地开展"复杂机场航班起降调度理论与方法"研究，其主要研究内容包括以下几方面。

（1）复杂机场航班起降调度研究基础。从航空器基本属性、航班流基本属性和航班流态势属性等方面阐明了机场起降航班流基础动静态属性；采用实测数据、数学建模和交通流微观仿真方法，揭示了起降航班流耦合运行关系和时空变化特征。

（2）复杂机场航班起飞和降落独立调度方法。研究了基于RHC策略的终端区进场航班动态排序模型和算法；研究了多机场离场航班的放行调度规划模型与算法。

（3）复杂机场航班起降联合调度方法。研究了多跑道机场航班起降单目标和多目标动态优化调度模型与算法。

（4）复杂机场航班起降协同调度方法。研究了开放式多机场网络中起降航班的协同容流调配与调度模型及算法；研究了协同决策机制下基于多智能体的协调交易机制与策略，以及在此机制下的航班起降次序交换调度模型。

研究内容的层次结构如图 1.1 所示。

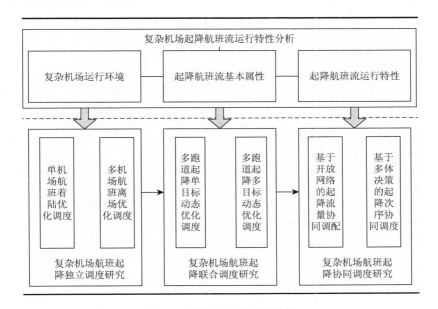

图 1.1 研究内容的层次结构

1.3.2 研究方案

以复杂机场起降航班流时空运行特性为理论基点，以线性规划、网络理论和人工智能为研究手段，依次开展复杂机场起飞/降落调度、复杂机场航班起降联合调度和复杂机场航班起降协同调度问题的研究，层层深入、环环相扣，形成依据充分、对象全面、手段丰富、算法高效的机场航班起降调度理论与方法体系，一定程度上丰富了航班起降调度研究领域研究成果。本书研究方案如图 1.2 所示。

（1）国内外研究现状搜集整理与分析。分析当前空中交通运行瓶颈，明确以复杂机场起降调度为对象；搜集整理航班调度领域相关研究成果与动态，从研究对象、问题性质、求解算法和相关系统工具方面剖析该问题的研究脉络与进展，明确既有研究方法和成果有待突破的方向，指出多机场系统与进离场协同调配等问题是该领域研究新的关注点和热点，阐明系统性研究航班调度问题的必要性与迫切性。

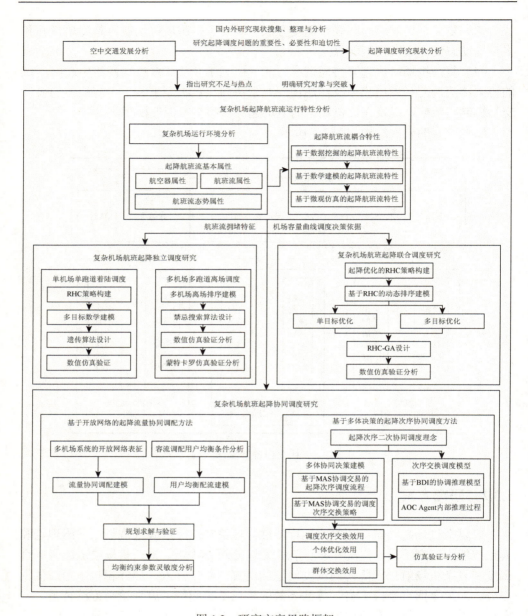

图1.2　研究方案思路框架

（2）复杂机场起降航班流运行特性分析。机场起降航班流特性研究是空中交通流理论的重要组成，是开展机场航班起降调度方法研究的基础。研究以复杂机场航班运行环境分析为基础，分别从起降航班流的基本属性和耦合运行特性两方面展开。首先，从航空器、航班流和态势三个递进角度阐明，采用刚性质点假设建立航空器六自由度运行学属性和航迹属性，对比机场起降航班流与一般流体在连续性、离散元素、变量、动量等性质异同点，给出起降航班流流量、密度和速度定义及其相互关系，并以历史航班流时空数据序列为基础，初步揭示起降航班流拥堵演变的一般规律，建立起降航班流态势属性测度模型与方法，可为机场航班起降调度提供实施对象、作用范围和持续时间等方面的理论依据。然后，分别采用实测数据、数学建模和多智能体微观航班流仿真方法，从机场起降能力曲线的角度阐明起降航班流的耦合运行特性，可为机场航班起降调度方法研究提供理论依据和方法参考。

（3）复杂机场航班起降独立调度研究。在上述研究基础上，分别开展航班起飞和降落调度研究。采用滚动时域控制策略建立单机场单跑道进场多目标调度模型，采用遗传算法求解延误时间最小、延误成本最小以及混合目标下的优化调度结果；建立多机场系统离场优化调度模型并设计禁忌搜索算法进行求解，采用蒙特卡罗方法验证分析不同定位点限制间隔和飞行时间对于排序结果的影响，可为单机场进场高峰时段与多机场离场运行提供决策参考。

（4）复杂机场航班起降联合调度研究。考虑起降航班流的耦合运行特性，研究机场起降航班流联合优化调度方法。以滚动时域控制策略为基础，考虑多跑道进离场管制运行条件和安全要求等限制因素，分别构建航班延误总时间最小的单目标，以及权衡航班延误和管制工作负荷的多目标优化函数，建立多跑道起降航班联合调度动态排序模型，设计基于滚动时域控制的遗传算法，验证了不同目标设置下的优化调度性能，可提升不同决策目标下多跑道机场运行能力与安全性。

（5）复杂机场航班起降协同调度研究。协同决策是提升航空运行透明度，提高航班运行有效性、功效性和公平性的重要手段。研究多机场系统起降航班流量协同调配方法，建立多机场开放网络模型、优化目标模型、多元受限约束模型，定义用户均衡条件和用户均衡配流模型，分析不同均衡约束参数值下公平性、功效性等结果敏感性；研究多主体决策下航班起降次序协同调度方法，采用多智能体系统建立航班次序调度协调交易模型和次序交换调度模型，实现协同决策机制下航班起降顺序的二次分配，可为 CDM 下的航班起降调度提供理论方法指导。

1.3.3 创新工作

（1）本书阐述机场起降航班流的行特征，给出航班流流量、密度和速度相关定义及其相互关系；遴选对交通密度敏感的基础状态指标和当量交通量复合指标，建立起降航班流态势属性测度模型与方法；建立雷达管制条件下航班流内部微观跟驰、机动和等待行为模型，以及开发基于多智能体的航班流仿真平台，推演起降航班流之间的相互耦合制约影响，与以往研究相比，系统性地阐述起降航班流运行特性，研究内容和研究方法具有一定的创新性。

（2）本书建立基于 RHC 理念的单机场航班起降调度方法。在现有研究基础上，为提升航班排序问题求解的实时性，提出滚动时域控制理念及以此为基础的单机场着陆、多跑道单/多目标起降等调度模型与方法，并设计基于滚动时域控制的遗传算法框架。与以往研究相比，本书提出的模型不仅能够有效地降低延误和管制负荷，并且能够满足决策者灵活调整航班的要求，具有良好的实时性与可操作性，在研究思路和优化目标方面具有一定的创新性。

（3）本书建立多机场离场航班调度方法。多机场离场问题研究成果较少。本书提出一个新的模型解决多机场系统下离场排序问题。在模型中，跑道和离场定位点是终端区的关键资源，航班与机场的公平性通过 CPS 来保证，通过设计禁忌搜索算法框架，使问题在可接受的时间范围内得到满意的解决方案。与以往研究相比，在问题建模和求解方法方面具有创新性。

（4）本书建立多机场起降航班流量协同调配方法。从开放网络的视角描述多机场系统的流量协同调配问题，建立开放机场系统的网络模型，探讨多机场流量调配问题中的用户均衡条件，构建用户均衡配流模型。与以往研究相比，在问题的描述角度、考虑的各类约束和建立的优化模型等方面具有一定的创新性。

（5）本书建立多体决策下航班次序协同调配方法。本书建立一种基于资源共享和信息交互的多主体（如空管、机场、航空公司等）协作起降次序决策机制，提出基于多智能体系统的起降次序调度流程与策略模型、基于 BDI 的协调推理模型和 AOC 内部推出过程，形成完整的多主体协同运行下航班二次调度决策框架，并从个体与群体的角度建立优化效用目标。与以往研究相比，在研究对象、研究方法和优化目标方面具有一定的创新性。

1.4　章 节 安 排

根据研究内容，共分 6 章，各章节内容安排如下。

第 1 章绪论。阐述本书的研究背景和意义；概述国内外在航班进离场调度领域的研究现状与进展，论述相关领域研究亟待突破的方向；在此基础上明确本书的研究内容和研究方案等，阐述本书主要创新点与章节安排等。

第 2 章复杂机场起降航班流运行特性分析。描述复杂机场航班运行环境，研究航空器、航班流和航班流态势的基本属性，分别从实测数据、数学建模和航班流微观仿真的角度研究起降航班流耦合运行特征，为开展复杂机场航班起降调度方法研究提供理论基础和依据。

　　第 3 章复杂机场航班起降独立调度研究。分别开展机场航班起飞和降落优化调度方法研究；提出滚动时域控制理念，建立单机场单跑道着陆航班动态排序模型及 RHC-GA；建立多机场多跑道离场航班的放行调度规划模型，设计相应的禁忌搜索算法进行求解与验证分析。

　　第 4 章复杂机场航班起降联合调度研究。沿用滚动时域控制概念，建立多跑道机场单目标和多目标起降联合优化调度模型，并设计相应的 RHC-GA 进行求解及验证。

　　第 5 章复杂机场航班起降协同调度研究。研究基于开放网络的起降流量协同调配方法，建立开放机场网络模型与用户均衡配流模型，采用 LIINGO 求解并进行结果验证与分析；研究基于多体决策的起降次序协同调度方法，采用多智能体技术，建立多体协同决策模型和次序交换调度模型，对比验证了方法的有效性。

　　第 6 章总结与展望。总结研究成果，指出研究的不足，并展望以后的研究方向。

　　章节结构安排如图 1.3 所示。

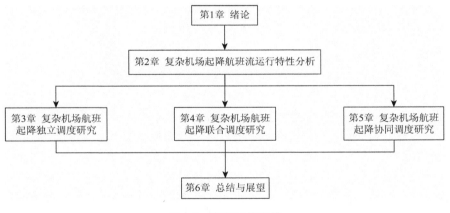

图 1.3　章节结构安排

1.5　本　章　小　结

　　本章阐述本书的研究背景和意义；概述国内外航班调度领域的研究现状与进展，论述相关领域以往研究存在的问题；在此基础上明确本书的研究内容和技术路线等，给出本书研究工作的主要创新点与章节安排等。

第2章 复杂机场起降航班流运行特性分析

2.1 概　　述

复杂机场起降航班流运行特性分析旨在以航班流特性参量为切入，以实测数据、数学建模、仿真分析为手段，揭示航班流演变的基本规律，阐明起降航班流之间的耦合作用关系，是开展机场航班起降调度方法的理论基础，也是空中交通流理论的重要组成。本节以复杂机场航班运行环境分析为基础，提出航空器、航班流和航班流态势基本属性指标及其度量方法；进而采用数据分析、数学建模和多智能体仿真方法，以机场起降能力曲线变化为突破口阐明起降航班流的耦合运行特性，可为明确机场航班起降调度实施对象、作用范围和持续时间等提供决策参考，为机场航班起降调度方法研究提供理论依据。

2.2 复杂机场航班运行环境

机场航班运行环境可分为空域运行环境、场面运行环境以及管制运行环境三部分。空域运行环境指进场航班移交进入终端区至降落跑道、离场航班起飞爬升至移交邻近扇区的飞行环境，主要由进离场航线网络、关键导航点、等待空域、跑道等构成；场面运行环境指进离场航班在停机位与跑道之间的滑行环境，主要由机坪、滑行道、跑道、等待区域等构成；管制运行环境指为保证空域运行或场面运行的安全、畅通而采取的管制策略，主要包括管制间隔、调配间隔、排序策略、滑行规则等。从资源供需平衡的角度分析，跑道的空间和时间资源是终端区航班运行的瓶颈资源，因此，为减少航班间的相互影响，降低飞行延误，提高航班正点率，采取优化的流量管理方法对航班合理排序是实现该目标的关键措施之一。下面介绍空域运行环境和管制运行环境。

2.2.1　空域运行环境

按照《中华人民共和国飞行基本规则》的规定，机场终端管制区是基于空域内飞行繁忙、机场密集地区的进近飞行提供统一管制的设想而设立的，它常常设在一个或几个主要机场附近的空中交通服务航路汇合处的管制区，航班起飞后的爬升阶段和着陆前的进近阶段都发生在该区域，是航路飞行到着陆阶段的过渡区。我国终端区通常是以枢纽机场为中心，50 海里（1 海里 = 1.852km）为半径的空域范围。终端区空域是整个空中交通网络中最为复杂的一个空域，这个空域是到达航班脱离航路进行进近着陆的过渡区，也是起飞航班起飞后加入航路的必经之地，空域结构复杂，进离场航线交错，存在多阶段多方向的汇聚和分散，航空器下降、爬升频繁，潜在冲突显著，不同方向的交通流管制间隔要求存在差异，空中交通管制难度较大，如图 2.1 所示。因此，不管是进场航班还是离场航班，它们在终端区都需要不断改变高度、速度、航向等飞行状态，为了保证航班的安全间隔，使航班有条不紊地进、离场，充分认识终端区的空域结构并合理利用其结构特点有利于提高终端区航空器进场效率[39, 40]。

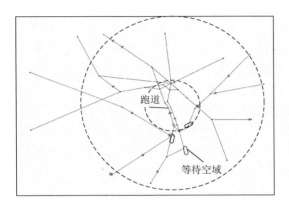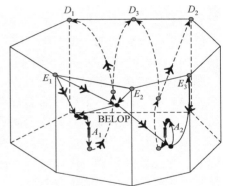

图 2.1　复杂机场航班运行环境

2.2.2　管制运行环境

复杂机场航班运行管制运行环境包括通信导航监视环境、气象环境、管制方式、间隔标准等，是决定管制程序和交通管理手段的重要因素。

（1）通信导航监视环境。通信导航监视设备是飞行活动的"千里眼"与"顺风耳"，通过配备空天地一体的主动或被动传感器和无线电/数据链通信，为管制员与飞行员预测航空器状态参数、空域构型和环境信息，并为空中交通管理决策提供基础数据。空中交通管制系统运行的高效性依赖于管理策略的科学有效性，而管理策略很大程度上受通信导航监视环境技术水平的限制。例如，降低与航空器状态相关的监视不确定性，管制员可以缩小安全间隔裕度以提高扇区通行能力；卫星导航和自动相关监视通信协议等技术不仅提升了航空器监视追踪能力，也优化了管制员的情景意识。通信导航监视技术环境的优化给空中交通管理带来了更为多样的解决方案。

（2）气象环境。气象环境是管制运行环境中可预测性最低、对于管制活动和航班飞行影响最大的客观因素，包括雷暴、降雨、火山灰、风切变、晴空湍流、积冰等。总的来说，气流和能见度是影响管制运行能力的两大重要因素，绕飞、等待、加大间隔等非常规手段将会导致交通流动降缓，交通密度增加，加大了管制难度和运行负荷。随着航空气象探测设施设备的更新与预测手段的进步，气象环境及其发展趋势将逐步变得更为透明和确定，极大地推动了空中交通管理策略的制定与实施。

（3）管制方式。随着飞行流量的增长和导航监视技术的发展，管制方式经历了目视地标领航、灯光旗号管制、程序管制、雷达监控下的程序管制和雷达管制等若干发展阶段。管理策略的丰富性取决于管制方式的灵活性和自由度。程序管制下，航班严格按照预定航线飞行，管制员可调配空间极小，管理策略相当有限，仅通过高度与速度调整进行简单排序和冲突规避。雷达管制下，雷达引导方式大大拓展了飞行航迹的可变空间，进离场排序、改航等管理手段大大提升了航班运行效率。随着区域导航以及未来自由飞行的推进，航空器飞行自由度进一步提升，管制方式也将从"集权式"向"分布式""协同式"转变。

（4）间隔标准。依据导航监视设施能力、管制方式和航空器机型的不同，机场及其进近空域的最小垂直安全间隔是同一的，水平安全间隔标准有所差异。通常，根据飞行阶段的不同，间隔标准可分为进近管制区间隔标准、最后进近间隔标准、起飞着陆间隔（尾流间隔）标准等。间隔标准是管制运行的绝对标尺，也是航班起降调度优化的重要参数。

2.3　机场起降航班流基本属性

2.3.1　航空器基本属性

1. 运动学属性

航空器是航班的执行载体，是运动聚集形成航班流的基本要素，具备俯仰、横滚、升降六自由度的运动学属性。通常，航空器可视为质点模型，在一定参考系下的运动属性方程如式（2.1）～式（2.9）所示：

$$\dot{x} = V\cos\gamma\sin\phi + W_x \tag{2.1}$$

$$\dot{y} = V\cos\gamma\cos\phi + W_y \tag{2.2}$$

$$\dot{h} = V\sin\gamma + W_h \tag{2.3}$$

$$m\dot{V} = T\cos\alpha_t - D - mg\sin\gamma - m\dot{W}_V \tag{2.4}$$

$$mV\cos\gamma\dot{\phi} = (T\sin\alpha_t + L)\sin\varphi - mW_\phi \tag{2.5}$$

$$mV\dot{\gamma} = (T\sin\alpha_t + L)\cos\varphi - mg\cos\gamma + m\dot{W}_\gamma \tag{2.6}$$

$$\dot{m} = -\dot{m}_f(h_p, M, T) \tag{2.7}$$

$$L = \frac{1}{2}\rho V^2 SC_L(\alpha, M) \tag{2.8}$$

$$D = \frac{1}{2}\rho V^2 SC_D(C_L, M) \tag{2.9}$$

在上述方程中，航空器共有七个状态变量 $(x, y, h, V, \phi, \gamma, m)$ 和三个控制变量 (T, C_L, φ)，分别表示空间位置信息、修正空速、航向角、航迹角、质量、推力、升力系数、倾斜角，如表 2.1 所示。飞行员与管制员通过观测航空器马赫数、修正空速和地速等速度矢量信息理解和控制飞行航迹。

表 2.1　变量说明

符号	描述说明
x	横坐标，正方向表示东
y	纵坐标，正方向表示北
h	惯性高度
h_p	气压高度
ϕ	航向角
γ	航迹角
φ	倾斜角
α_t	发动机安装角
α	几何安装角
W_x，W_y，W_h	风速在东、北、前三个方向分量
$\dot{W}_V, \dot{W}_\phi, \dot{W}_\gamma$	风速加速度在东、北、前三个方向分量
V	真空速
g	重力加速度
L	升力
D	阻力
T	推力
m	航空器质量
$\dot{m}_f$	燃油消耗率
M	马赫数

续表

符号	描述说明
V_{CAS}	修正空速
V_g	地速
p	大气压力
a	声速
$()_{sl}$	修正海平面气压参数

2. 航迹属性

　　航班可视为被赋予"身份"和"任务"的航空器，具备注册号、航班号、机型、起飞机场、目的机场、起飞时间、降落时间等特征标签，在计划航迹、飞行操控和管制指挥的共同作用下形成四维飞行轨迹。机场起降航班飞行轨迹主要由场面滑行段、起飞滑跑段、起飞爬升段、进近下降段、着落滑跑段构成，航班起降轨迹如图 2.2 所示。

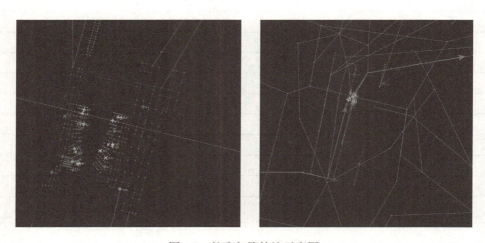

图 2.2　航班起降轨迹示意图

2.3.2　航班流基本属性

　　借鉴地面交通流理论，定义群体航空器沿航线飞行形成运输流为航班流，满足流体的一般宏观性质，如表 2.2 所示。从流体角度表征航班流能更好地解析交通现象及其本质。航班流基本参量包括速度、密度和流量，参量的变化规律即反映了航班流的流体属性。

表 2.2　航班流与一般流体的对比

物理特性	流体动力学系统	航班流系统
连续体	单向不可压缩流体	单向不可压缩飞行流
离散元素	分子	航空器
变量	质量 Q	密度 K
	速度 V	速度 U
	压力 P	流量 q
动量	QV	ku
连续性方程	$\dfrac{\mathrm{d}Q}{\mathrm{d}t}+\dfrac{\mathrm{d}(QV)}{\mathrm{d}x}=0$	$\dfrac{\mathrm{d}k}{\mathrm{d}t}+\dfrac{\mathrm{d}(ku)}{\mathrm{d}x}=0$

1. 广义流体属性

（1）流量。航班流量是指在单位时间内通过某一运行空间的航空器数量，q表示：

$$q=\frac{N}{T} \tag{2.10}$$

式中，T 为观测时间；N 为 T 时间内通过的航空器数量。根据分布情况统计，按空间可分为飞行流量的流向分布、高度层分布、区域分布、航路网分布等；根据变化量统计，通常为飞行流量的月变化、周变化等，变化系数分别用 K_m、K_w 表示[41-43]：

$$K_m=\frac{\mathrm{AADT}}{\mathrm{MADT}}; \quad K_w=\frac{\mathrm{AADT}}{\mathrm{ADT}} \tag{2.11}$$

式中，AADT 为年平均日飞行流量；MADT 为月平均日飞行流量；ADT 为周平均日飞行流量。

按空间分布情况统计，则可根据不同流向、高度层或区域等航空器的比例进行分别统计，对应的比例系数分别用 K_{way}、K_{fl}、K_{area} 表示：

$$\begin{cases} K_{way}=\dfrac{n_{way}^i}{N_{way}} \\[2mm] K_{fl}=\dfrac{n_{fl}^i}{N_{fl}} \\[2mm] K_{area}=\dfrac{n_{area}^i}{N_{area}} \end{cases} \tag{2.12}$$

式中，n_{way}^i 为 i 航路走向上航空器的数量；N_{way} 为该航路上航空器总数；n_{fl}^i 为 i 高度层上的航空器数量；N_{fl} 为目标航路所有高度层上的航空器总数；n_{area}^i 为 i 分区内航空器数量；N_{area} 为目标区域内的航空器总数。

（2）密度。密度是体现空中交通流疏密程度的量，可以从宏观和微观两个角度描述，宏观定义为某空域单元（航路、扇区）内包含的航空器数量，用 k 表示。

$$k = \frac{N}{P} \tag{2.13}$$

式中，P 表示某一观测区间，可以是航路/线长度、扇区面积或者体积；N 表示某一时刻 P 区间内的航空器数量。

（3）速度。速度有个体速度和平均速度之分，个体速度是指航空器在某一观测位置的飞行速度，称为瞬时速度；平均速度是指在一定时空范围内飞行速度的总体情况。

速度的基本公式可由式（2.14）确定：

$$u = \frac{\Delta x}{\Delta t} \tag{2.14}$$

式中，u 表示速度；Δx 为观测对象的运动距离；Δt 为指定时间区间。

2. 航段流体属性

（1）密度。航段密度定义为某一瞬间单位航段长度上存在的航空器数量，表示航空器在某一航段上的密集程度，用 k_l 表示，可由式（2.15）计算：

$$k_l = \frac{N}{l} \tag{2.15}$$

式中，N 为观测的航空器数量；l 为航段长度。

图 2.3 为航段密度统计示意图。

图 2.3　航段密度统计示意图

对应于机头时距，在航段统计中，同一航段上连续飞行的相邻两架航空器之间的空间距离称为机头间距，机头间距由机身长度和飞机间距两部分构成，可由式（2.16）表示：

$$h_d = L_n + h_{d,n+1} \tag{2.16}$$

式中，h_d 表示机头间距；L_n 表示第 n 架飞机的机身长度；$h_{d,n+1}$ 表示第 n 架与第 $n+1$ 架飞机之间的间隔。由于飞机之间的间隔一般远远大于其机身的长度，所以 L_n 一般忽略不计，即

$$h_d = h_{d,n+1} \qquad (2.17)$$

如果将统计航段 l 的起点与终点看作两架假想的航空器 f_0 和 f_{N+1}，即可得到航段密度与机头间距之间的对应关系：

$$k_l = \frac{N}{\sum\limits_{i=0}^{N} h_{di}} \qquad (2.18)$$

式中，h_{di} 即表示相邻航空器之间的机头间距。

（2）速度。航段速度定义为某一时段或某一距离内航空器运动速度的均值，由定义可知，平均速度可分为时间平均速度和空间平均速度，分别用 $\overline{u}_l^t$ 与 $\overline{u}_l^s$ 表示。

①航段时间平均速度为

$$\overline{u}_l^t = \frac{1}{N}\sum_{i=1}^{N}\frac{s_i}{t_1-t_0} = \frac{1}{N(t_1-t_0)}\sum_{i=1}^{N}s_i \qquad (2.19)$$

式中，$\overline{u}_l^t$ 为航段统计时段的时间平均速度；N 为观测航空器数量；t_1-t_0 为统计的时段；s_i 为 t_1-t_0 时段内航空器 f_i 运行的距离。

②航段空间平均速度为

$$\overline{u}_l^s = \frac{D}{\dfrac{1}{N}\sum\limits_{i=1}^{N}t_i} \qquad (2.20)$$

式中，$\overline{u}_l^s$ 为航段统计的空间平均速度；D 为统计的距离段；t_i 为航空器 f_i 通过距离 D 所用的时间；N 为观测航空器数量。

图 2.4 为航段空间平均速度统计示意图。

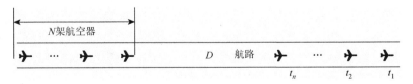

图 2.4　航段空间平均速度统计示意图

由于有

$$t_i = \frac{D}{\overline{u}_i} \qquad (2.21)$$

式中，$\overline{u}_i$ 为航空器 f_i 在观测航段 D 内的平均速度。

可得

$$\overline{u}_l^s = \frac{D}{\dfrac{1}{N}\sum\limits_{i=1}^{N}t_i} = \frac{D}{\dfrac{1}{N}\sum\limits_{i=1}^{N}\dfrac{D}{\overline{u}_i}} = \frac{1}{\dfrac{1}{N}\sum\limits_{i=1}^{N}\dfrac{1}{\overline{u}_i}} \qquad (2.22)$$

式（2.22）表明航段统计的空间平均速度可以通过一段时间内定点统计的瞬时速度的调和平均值来计算。

（3）流量。航段流量可由两种方式进行定义：一是指单位时间内通过某一观测点处断面的航空器数量；二是某一单位时段内观测航段内所有航空器数量（包括进入、位于或即将离开的航空器），用 q_l 表示，即

$$q_l = \frac{N}{t_1 - t_0} \tag{2.23}$$

式中，N 为观测得到的航空器架数；$t_1 - t_0$ 为观测时段。

图 2.5 为航段流量统计示意图。

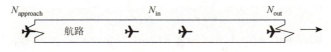

图 2.5　航段流量统计示意图

此外，也可由式（2.24）近似计算得到

$$q_l = k_l \overline{u}_l^t \tag{2.24}$$

式中，q_l 为航段统计的流量；k_l 为航段交通密度；$\overline{u}_l^t$ 为航段时间平均速度。

3. 流体属性相互关系

以我国某大型繁忙机场 2013 年 9 月 11～17 日终端区为对象，通过提取雷达数据中纬度、速度、高度、航向等信息，研究某汇聚航段上交通流的演变规律。在航段中间位置任选一横截面，依次统计经过该截面的航空器机头时距、间距和速度等参数，得到参数关系实测数据散点图，从统计角度拟合出参数间的关系曲线[44,45]，真实雷达数据统计结果如图 2.6 所示。

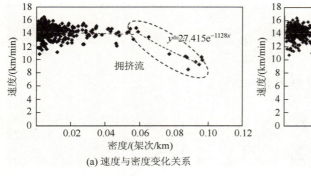

(a) 速度与密度变化关系

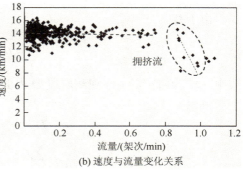

(b) 速度与流量变化关系

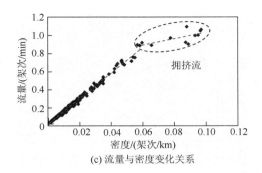

(c) 流量与密度变化关系

图 2.6　真实雷达数据统计结果

　　分析结果表明，航班流速度、流量和密度参数之间具有显著的关联关系，并可据此划分自由流与拥挤流两种类型。自由流阶段，航班之间相互制约程度较低，飞行速度基本保持不变，流量随密度的增加而线性增长。随着航班流密度的不断增大，微观层面航空器间的飞行冲突逐步显现，跟随航空器通过调速等方式维持与前序航班之间的安全间隔，并在强烈的制约影响下形成拥塞波向飞行的反方向传递，在宏观上表现为速度的急剧下降和流量的缓慢上升，此时航空器将在航段上产生滞留并不断向上游蔓延，进而触发管制单位发布流量控制措施。对于航班流流体属性及其关系的描述，可为判断航班整体运行状态，制定和验证航班调度措施提供决策参考。

2.3.3　航班流态势属性

　　复杂机场空域结构复杂，航路航线众多，航班流纵横交错，形成复杂的航班流态势，即由多股航段航班流交织汇集形成的群体航空器三维立体运行状态及其演变趋势。本节以某终端历史雷达数据为基础，以动态密度指标和复杂性指标为参考，遴选对交通密度敏感的基础状态指标与当量交通量复合指标，建立起降航班流态势属性测度模型与方法。

　　1. 态势指标定义

　　1）基础状态指标

　　（1）平均速度。平均速度是指某区域内所有航班的速度标量的平均值，反映了空域密度与航空器调速行为之间的关系，是刻画航班流整体态势的重要指标之一。令航空器 i 在 t 时刻的速度标量为 $v_{t,i}$，终端区内航空器总数为 N_t，则 t 时刻终端区内交通流平均流速表示为

$$\overline{V}_t = \frac{v_{t,1} + v_{t,2} + \cdots + v_{t,i}}{N_t} \tag{2.25}$$

从平均速度与交通量时序图中可以发现：平均速度在 600km/h 上下浮动，平均速度从峰值下降至谷值时，交通量会呈现明显的上升趋势，两者的变化规律呈反向相关关系，如图 2.7 所示。

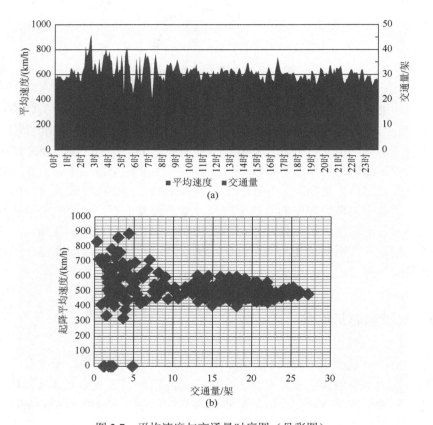

图 2.7　平均速度与交通量时序图（见彩图）

（2）速度标准差。速度标准差反映了个体航空器速度与平均速度的偏离情况，是度量航班流态势无序度的重要指标，如式（2.26）所示。

$$S_{V,t} = \sqrt{\frac{\sum (|v_{t,i}| - \overline{V}_t)^2}{N_t - 1}} \tag{2.26}$$

交通量较小（0～10 架次）时，速度方差分布在较宽的量值区间内，其数值出现跳变；在交通量较大（＞10 架次）时，速度方差与交通量两者的变化呈现同增同减的趋势，如图 2.8 所示。

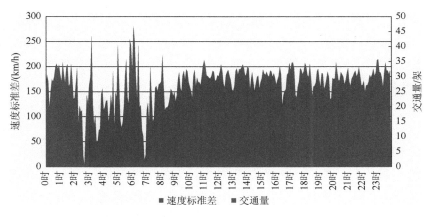

图 2.8　速度标准差与交通量时序图（见彩图）

（3）交通混合系数比。交通混合系数比是对航空器数量和不同高度改变状态的航空器混合程度的反映。同时存在不同高度改变状态的航空器会使管制员消耗较多精力进行飞行冲突探测与解脱，相比没有高度变化的航班流而言，其态势复杂程度较高。$n_{c,t}$、$n_{d,t}$、$n_{r,t}$ 分别表示时刻 t 终端区内正在上升、下降和平飞的航空器数量，则交通混合系数比表示为

$$C_t = \frac{n_{c,t} \times n_{d,t} + n_{c,t} \times n_{r,t} + n_{d,t} \times n_{r,t}}{(n_{c,t} + n_{d,t} + n_{r,t}) \times N_t} \qquad (2.27)$$

交通混合系数比越大交通态势越复杂。交通量较少时，交通混合系数数值较不稳定，在 0～6 的值区间内波动；其余时段其分布较为集中，在交通混合系数比等于 4 的数值线上下浮动，如图 2.9 所示。

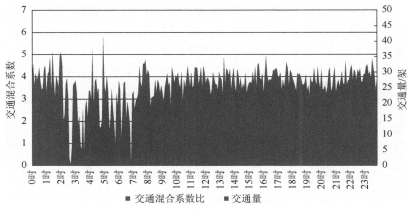

图 2.9　交通混合系数与交通量时序图（见彩图）

（4）航向标准差。航向标准差从整体上体现了航迹的聚类性，航迹分散时其数值较大，态势结构松散；航迹较一致数值较小，航迹聚集性较好，态势结构稳定。时刻 t 终端区内航空器的平均航向为 $\overline{Hd_t}$，航空器 i 在 t 时刻的航向为 $Hd_{t,i}$，则 t 时刻终端区内航空器的航向标准差表示为

$$S_t^{Hd} = \sqrt{\frac{\sum(|Hd_{it}| - \overline{Hd_t})^2}{N_t - 1}} \qquad （2.28）$$

交通量较小时，航向方差数值分布在较大的值区间内，且变化较无规律；0 时～1 时和 11 时～24 时，交通量较大，航向方差数值在 90～140 变化，与交通量呈现一定的相关性；在 1 时～2 时和 8 时～11 时，交通量适中，航向标准差到达一天中的最大值，如图 2.10 所示。

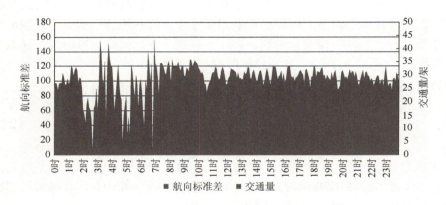

图 2.10　航向标准差/交通量时序图（见彩图）

2）当量交通量

空域占有率是指一定空域范围内某瞬时容纳的航空器数量。研究表明，管制员工作负荷与空域占有率具有复杂的非线性关系。本书将运用数据分解发现不同类型（起飞、着陆、飞越）航空器对管制员造成的工作负荷差异显著，因此，本书定义当量空域占有率，标志一定空域范围内某瞬时容纳的加权航空器数据，即依据不同类别航空器运行特征对应的管制员的工作负荷，对各类别航空器赋予不同的拥堵贡献权重相加得到的量值。$n_{k,t}$ 表示时刻 t 终端区内 k 类航空器的数量，w_k 表示 k 类航空器的权重系数，则当量航班数表示如下：

$$N_{e,t} = \sum w_k \cdot n_{k,t} \qquad （2.29）$$

2. 态势属性测算

基础状态指标是对航班流总体态势的描述，当量交通量则是对航班属性的描述。本书采用宏微观指标相结合的方法测算航班流态势属性，如式（2.30）～式（2.32）所示。

$$U_t = \frac{N_{e,t}}{C_p} \times K_t \tag{2.30}$$

$$N_{e,t} = w_c \cdot n_{c,t} + w_d \cdot n_{d,t} + w_r \cdot n_{r,t} + w_R \cdot n_{R,t} \tag{2.31}$$

$$K_t = k_{\overline{v},t} \cdot k_{s^v,t} \cdot k_{s^{Hd},t} \cdot k_{c,t} \tag{2.32}$$

式中，U_t 为时刻 t 终端区交通拥堵状态值；C_p 为终端区最大瞬时容量；K_t 为基础状态指标系数；w_c、w_d、w_r、w_R 为起飞、降落、低空飞越、高空飞越权重系数；$n_{c,t}$、$n_{d,t}$、$n_{r,t}$、$n_{R,t}$ 为时刻 t 终端区内起飞、降落、低空飞越、高空飞越航空器数；$k_{\overline{v},t}$ 为时刻 t 速度指标系数；$k_{s^v,t}$ 为时刻 t 速度标准差指标系数；$k_{s^{Hd},t}$ 为时刻 t 航向标准差指标系数；$k_{c,t}$ 为时刻 t 交通混合比指标系数。

根据基础状态指标与交通量之间的关系，本方法将基础状态指标系数进行差异化取值。交通量较大（＞10 架次）时，速度标准差、航向标准差、交通混合系数比与交通拥堵态势呈正相关，$k_{S^v} = S_t^v / S_R^v$，$k_{S^{Hd}} = S_t^{Hd} / S_R^{Hd}$，$k_{c_t} = c_t / c_t^R$；平均速度与交通拥堵态势呈负相关，$k_{\overline{v}} = \overline{V}_t^R / \overline{V}_t$。交通量较小（0～10 架次）时，四项指标并不能较好地反映终端区交通拥堵态势，取值为 1。基本参考值如表 2.3 所示。

表 2.3　基本参考值

平均速度 参考值 $\overline{V}_t^R$	速度标准差 参考值 S_R^v	航向标准差 参考值 S_R^{Hd}	交通混合系数比 参考值 C_t^R
604km/h	179km/h	108°	0.316

当量交通量权重系数的计算主要依据了管制员处理各类航空器所需的平均工作时间，如表 2.4 所示。各当量权重系数以造成管制负荷最小的高空飞越航空器为基准，定义每架高空飞越航空器为 1 航空器当量数，即高空飞越航空器的当量权重系数 $w_R = 1$，其余类别航空器依其造成的管制负荷赋以相应的当量权重。降落航空器的当量权重系数 $w_d = 8.2 / 5.1 = 1.61$；起飞航空器的当量权重系数 $w_c = 7.1 / 5.1 = 1.39$；低空飞越航空器的当量权重系数 $w_r = 5.5 / 5.1 = 1.08$。

表 2.4　工作负荷评估结果

航空器类型	平均工作时间/(s·min⁻¹)	解释
降落航空器	8.2	表示处理一架降落的航空器平均需要 8.2s
起飞航空器	7.1	表示处理一架起飞的航空器平均需要 7.1s
低空飞越航空器	5.5	表示处理一架低空飞越的航空器平均需要 5.5s
高空飞越航空器	5.1	表示处理一架高空飞越的航空器平均需要 5.1s

根据航班流态势属性测算方法,得到国内某大型国际机场终端区 24 小时航班流态势属性值。航班流态势与瞬时航班量对比如图 2.11 所示。根据拥堵状态值的数值分布情况(图 2.12),定义顺畅、通畅、拥阻、拥堵、严重拥堵五个等级,并采用 k-means 聚类方法给出分界点,如图 2.13 所示。

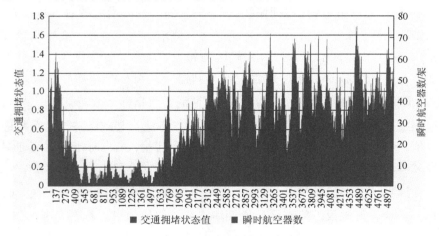

图 2.11　航班流态势值与瞬时交通量时序分布图(见彩图)

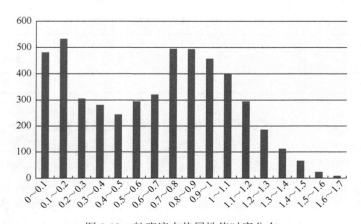

图 2.12　航班流态势属性值时序分布

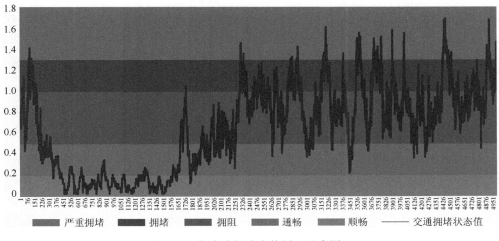

图 2.13　航班流拥堵态势图（见彩图）

　　综上，航班流态势属性是在单体航空器属性和单股航班流之上对于空域中所有航班运行状态与发展趋向的外显和内涵特征的全局性、一致性描述。通过对航班流整体态势的滚动监测与预判，适时适度制定和调整机场起降航班流的调度策略实施对象、作用范围和持续时间，从而提升航班运行效率与空管运行效能。

2.4　起降航班流耦合运行特性

2.4.1　基于实测数据的起降航班流特性

　　机场系统是一个多元受限的复杂系统，该系统的容量是衡量系统运行效率高低的重要指标。在理论研究与实际工程应用方面，机场容量可以从旅客可接受的平均航班延误时间的角度来分为运行容量和理论容量两类。其中，运行容量侧重将服务能力和航班延误联系起来，若某时段内多个航班同时请求服务，由于机场相关单元资源受限，航空器往往需要等待服务许可，势必产生运行延误，这时候将延误时间作为考量标准，可以从旅客角度来分析评估对象的实际运行能力。理论容量则是侧重对评估对象客观运行能力的评价，在不考虑延误水平的角度下衡量机场的最大运行能力，借此可以对机场的极限运行能力进行较为中肯的评价，同时在不考虑主观因素的基础上可以更好地对机场的相关运行特征进行深入分析。理论容量仅从客观角度去衡量机场所能承受的最大交通负荷，并不反映系统的拥挤程度和延误水平。鉴于实际运行中运行容量的主观表现性更强，对于航班时刻编排和运行决策参考更具实际意义，因此本书将选择运行容量作为机场运行能力的考量标准（以下无特殊说明情况时所提容量均指运行容量），希望从现实运行层面研究机场容量特征，提出进离场容量之间的表征方法，最终为本书后续的机位协同释放提供决策依据[46-48]。

1. 容量包线概念及特征分析

准确地评估机场容量是机场运行管理的关键基础。过度预测容量会导致飞行计划安排过量，从而造成机场资源供给不足导致航空器排队和长时间延误，降低服务质量，甚至诱发系统潜在安全问题。过于保守预测容量会使航班计划较少，从而使得机场失去竞争力且运输量处在一个较低的水平。在有限的机场资源下，进离场航空器资源竞争关系将随着流量的增大而逐步显现，这种制约平衡关系可用容量包线进行刻画。也就是说，广义机场容量将不再是一个值，而是有限资源下进离场容量平衡关系的动态曲线，即机场容量包络线，如图 2.14 所示[49-52]。对于大型繁忙机场，基于历史高峰服务水平的容量包络线可以准确地寻找不同场景下综合空地物理系统和管制服务的机场运行能力，直观刻画机场系统容量特征。因此，为精准计算机场容量，其前提就是要确定容量包线函数性质。

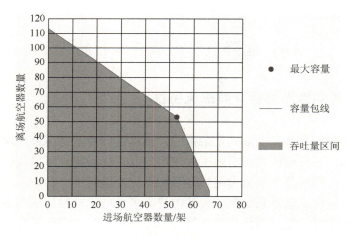

图 2.14　慕尼黑机场容量包线

性质　吞吐量可行域构成凸区域，即机场容量包线具有凸函数性质。

证明　要证明其凸函数性质，即需证明对于区域内任意给定点（包括外围线段部分以及区域内的点）$A(X_a, Y_a)$ 和 $B(X_b, Y_b)$，且点 $M(X_m, Y_m)$ 为线段 AB 上的任意一个点，点 M 在可行域范围内即可。由于 $M \in AB$，所以必然存在一个 λ 使得

$X_m = \lambda X_a + (1-\lambda) X_b$，$Y_m = \lambda Y_a + (1-\lambda) Y_b$，且 $0 \leqslant \lambda \leqslant 1$。同样，考察一个足够大时间段 T，其中 λT 时段内，进场吞吐量为 X_a/小时，其对应的离场吞吐量为 Y_a/小时；$(1-\lambda)T$ 时段内，进场吞吐量与离场吞吐量分别为 X_b/小时和 Y_b/小时，因此，在时间 T 内，共服务 $\lambda X_a T + (1-\lambda) X_b T$ 个进场架次和 $\lambda Y_a T + (1-\lambda) Y_b T$ 个离场架次，则点 $M(X_m = \lambda X_a + (1-\lambda) X_b, Y_m = \lambda Y_a + (1-\lambda) Y_b)$ 为可行吞吐量，即点 M 在可行域范围内，凸函数性质得证。

2. 机场容量包线制作方法

目前，机场容量包线成熟的制作方法包括区间法和频次法。两者均以机场跑道历史吞吐数据为基础，按照 15min、30min 或 1h 时间粒度统计进离场航空器数量以及各类进离场混合比例的出现次数，进而确定外边界点并将其用直线段连接形成容量包络线。

1）区间法

区间法是通过划定经验可行域（一般为 95%）来确定边界点的。以 95% 为例，主要操作步骤如下。

（1）将统计结果按总架次由低到高排列。

（2）取统计时段内 95% 的时间片，5% 高峰即被舍去。

（3）将 95% 所对应总架次数的所有进离场对取出，将外边界点按照凸函数性质用直线段相连。

该方法主要借鉴第 30 位高峰小时的道路设计容量概念，普遍适用于各类大型繁忙机场，但其缺点是在样本基数不多的情况下，5% 极值点的过度筛除可能会使得容量值较机场实际运行容量偏小。

2）频次法（3～4 次法）

（1）将统计结果按总架次由高到低排列，筛选出 200～250 个时间片对应的进离场值的点。

（2）从 200～250 个时间片中提取进离场对出现频率为 3～4 次的点。

（3）将外边界点按照凸函数性质进行分段线性包络。

该方法的精准度与样本基数与质量密切相关，极有可能出现频率点过少而无法绘制包线的情况。对于频次法的适用范围为：历史高峰运行数据频率筛选阈值至少 3 次的选取，适用范围为 1460 个的样本基数，该点已被参考文献[53]和[54]证明。

3. 机场容量包线预测建模

定义 2.1　设 X 为实值随机变量，分布函数为 $F(x) = P(X \leqslant x)$，对任意

$0 < \tau < 1$，则称

$$F^{-1}(\tau) = \inf\{x : F(x) \geqslant \tau\} \qquad (2.33)$$

为 X 的 τ -分位数。当 $\tau = 0.5$ 时，即为中位数。

定义 2.2 随机变量 X 的经验分布函数为 $F_n(x) = n^{-1}\sum_{i=1}^{n} I(X_i \leqslant x)$，对任意

$0 < \tau < 1$，则称

$$F_n^{-1}(\tau) = \inf\{x : F_n(x) \geqslant \tau\} \qquad (2.34)$$

为随机变量 X 的 τ -样本分位数。

分位数回归是对以古典条件均值模型为基础的最小二乘法的延伸，采用若干分位函数来估计整体模型。分位数回归法的特殊情况就是中位数回归，而其他条件分位数回归则需要用非对称权重解决残差最小化[55]。给定 x 时，y 的条件分布记作 $F_y(y|x)$，则其逆函数表示为 $Q_y(\tau|x) = \inf\{y : F_y(y|x) > \tau\}$。定义 $Q_y(\tau|x) = x^{\mathrm{T}}\beta(\tau)$ 为样本条件 τ 分位数函数，其中 x 为 p 维向量，ρ_τ 为损失函数，则 $\hat{\beta}(\tau)$ 可由

$$\min_{\beta \in \mathbf{R}} \sum_{i=1}^{n} \rho_\tau(y_i - x_i^{\mathrm{T}}\beta) \qquad (2.35)$$

估计得到。这个思想最早由 Koenker 和 Bassett 提出。式（2.35）可进一步写为

$$\min_{\beta \in \mathbf{R}} \left(\sum_{y_i \geqslant x_i^{\mathrm{T}}\beta} \tau |y_i - x_i^{\mathrm{T}}\beta| + \sum_{y_i < x_i^{\mathrm{T}}\beta} (1-\tau) |y_i - x_i^{\mathrm{T}}\beta| \right) \qquad (2.36)$$

式中，$0 < \tau < 1$；β 为系数向量，它随着 τ 的变化而不同。因此，样本分位数回归转化为扩展最小二乘问题。

考察 k 对进离场测量值 $A(t)$ 和 $D(t)$，分别记作 $(x_1, y_1), \cdots, (x_k, y_k)$，寻找一段非增凸函数 h：$\mathbf{R} \to \mathbf{R}$ 估算平均离场吞吐量 $D(t) = h(A(t))$。首先需要估算 $h(0), h(1), \cdots, h(l)$，此处 $l = \max(A(t))$。因此，h 是 A 的分段线性函数，同时要通过对比后续斜率的值来加强 $0, 1, \cdots, l$ 点的单调性和凸函数特征的限制。估算公式如下：

$$\min \sum_{i=1}^{k} (\hat{y}_i - y_i)^2 \qquad (2.37)$$

同时服从

$$\hat{y}_i = h(v_i), \quad i = 1, \cdots, k \qquad (2.38)$$

$$h(i+1) \leqslant h(i), \quad i = 0, \cdots, l-1 \qquad (2.39)$$

$$h(i+1)-h(i) \leqslant h(i)-h(i-1), \quad i=1,\cdots,l-1 \tag{2.40}$$

在传统回归模型下，根据分位数理论，建立基于分位数回归包线凸优化模型：

$$\min \sum_{i=1}^{m}\left((1-p)\cdot\max(\hat{y}_i-y_i,0)+p\cdot\max(-\hat{y}_i+y_i,0)\right) \tag{2.41}$$

同时满足：

$$\hat{y}_i=h_p(v_i), \quad i=1,\cdots,m \tag{2.42}$$

$$h_p(i+1) \leqslant h_p(i), \quad i=0,\cdots,n-1 \tag{2.43}$$

$$h_p(i+1)-h_p(i) \leqslant h_p(i)-h_p(i-1), \quad i=1,\cdots,n-1 \tag{2.44}$$

4. 机场容量包线预测实例

2014 年我国旅客吞吐量超千万的机场已达 24 个，其中北京首都国际机场旅客吞吐量连续五年位居全球第二，2013 年北京首都机场旅客吞吐量达到约 8371 万人次，同比增长 11%，起降架次 567757 次，同比增长 10.8%；广州白云国际机场旅客吞吐量达到约 5245 万人次，同比增长 2.2%，起降架次为 394403 次，同比增长 1.9%，位居中国地区第二；上海浦东国际机场旅客吞吐量达到约 4719 万人次，同比增长 5.1%，起降架次为 371190 次，同比增长 5.6%，同时上海浦东机场货邮吞吐量连续七年保持世界第三。故本书特选用我国前三大机场作为研究对象，使用的数据是为 2014 年 6～12 月的北京首都国际机场、2012 年 9 月～2013 年 8 月上海浦东国际机场，以及 2011 年 6 月～2012 年 5 月广州白云国际机场的历史飞行计划。

1）北京首都国际机场

北京首都国际机场拥有三条跑道，采用独立离场、相关进近运行方式。采集 2014 年 6～12 月份的北京首都国际机场历史航班计划，以 15min 时间窗口为例，共计 293922 个时间片，其中 279613 个时间片为向北运行，故本书仅绘制向北方向运行的机场容量包络线。北京首都国际机场三跑道运行示意图如图 2.15 所示。

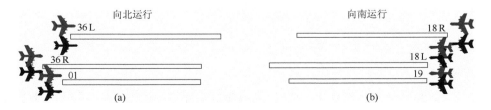

图 2.15　北京首都国际机场三跑道运行示意图

（1）15min 容量预测结果。图 2.16 为北京首都国际机场 36L、36R、01 跑道结构下的 15min 时间窗口下的三种容量包络线对比图，图 2.16（a）为频次法，即 3～4 次采样法，此时预测出的最大容量值为 30 架次/15min；图 2.16（b）为 95% 采样法，此时预测出的最大容量值为 25 架次/15min；图 2.16（c）为分位数回归法，此时预测出的最大容量值为 28 架次/15min。由预测结果可知，三种方法得到三个不同的容量值且 95% 采样法＜分位数回归法＜频次法。

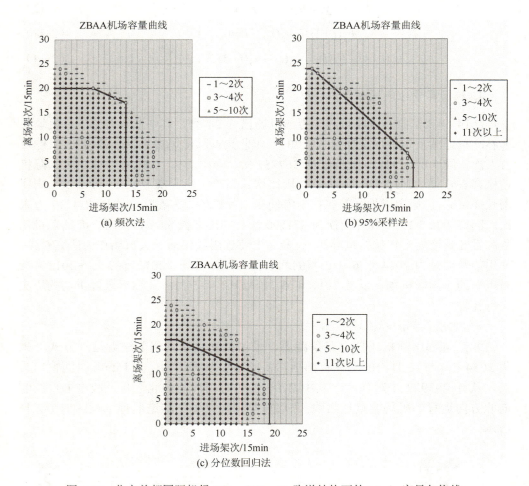

图 2.16　北京首都国际机场 36L、36R、01 跑道结构下的 15min 容量包络线

（2）30min 容量预测结果。图 2.17 为北京首都国际机场 36L、36R、01 跑道结构下的 30min 时间窗口下的三种容量包络线对比图，图 2.17（a）为频次法，即

3~4 次采样法，此时预测出的最大容量值为 54 架次/30min；图 2.17（b）为 95% 采样法，此时预测出的最大容量值为 49 架次/30min；图 2.17（c）为分位数回归法，此时预测出的最大容量值为 53 架次/30min。由预测结果可知，三种方法得到三个不同的容量值且 95% 采样法＜分位数回归法＜频次法。

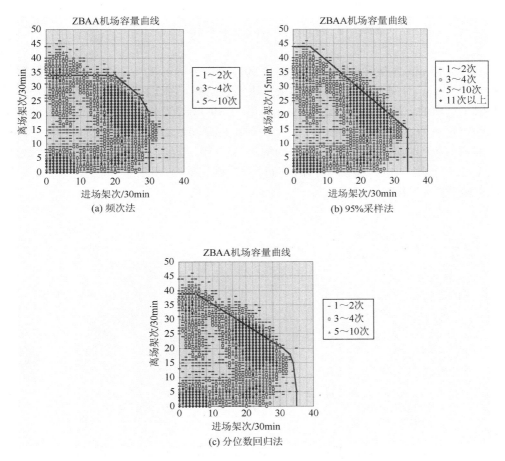

图 2.17　北京首都国际机场 36L、36R、01 跑道结构下的 30min 容量包络线

2）广州白云国际机场

广州白云国际机场有三条跑道（本节采用双跑道运行数据），采用独立离场相关进近运行方式，如图 2.18 所示。一号跑道（西）02R/20L，跑道长 3600m，宽 45m，跑道等级 4E，二号跑道（东）02L/20R，跑道长 4000m，宽 60m，跑道等级 4E。主用方向为南向，故本节研究 20R、20L 运行下的容量包络线[56]。

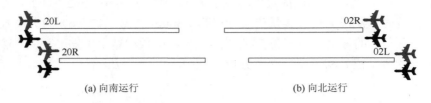

图 2.18　广州白云国际机场双跑道运行示意图

（1）15min 容量预测结果。图 2.19 为广州白云国际机场 20R、20L 号跑道结构下的 15min 时间窗口下的两种容量包络线对比图，图 2.19（a）为 95%采样法，此时预测出的容量值为 18 架次/15min；图 2.19（b）为分位数回归法，此时预测出的容量值为 21 架次/15min；广州白云国际机场 20R、20L 号跑道结构下的 15min 时间窗口下的频次法仅有一个进离场配对值，无法描绘出其包络线外边界，故此法不适用于此。由预测结果可知，两种方法得到两个不同的容量值且 95%采样法＜分位数回归法。

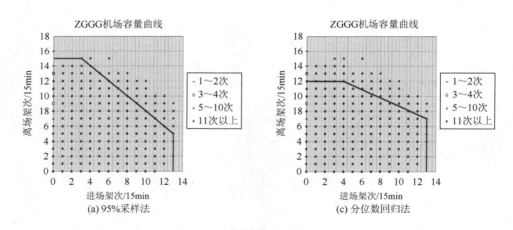

图 2.19　广州白云国际机场 20R、20L 号跑道结构下的 15min 容量包络线

（2）30min 容量预测结果。图 2.20 为广州白云国际机场 20R、20L 号跑道结构下的 30min 时间窗口下的三种容量包络线对比图，图 2.20（a）为频次法，即 3～4 次采样法，得到的外边界点分别为（16，22）、（20，19）、（21，18）和（22，14），由这些点围成的外边界即为该条件下的机场容量包络线，此时对应的容量值为 39 架次/30min；图 2.20（b）为 95%采样法，得到的外边界点分别为（0，25）、（7，25）、（23，9）和（23，0），由这些点围成的外边界为该条件下的机场容量包

络线，此时预测出的容量值为 32 架次/30min；图 2.20（c）为分位数回归法，通过拟合得到分段线性函数，此时预测出的容量值为 36 架次/30min。由预测结果可知，三种方法得到三个不同的容量值且三个值间的关系满足：95%采样法＜分位数回归法＜频次法。

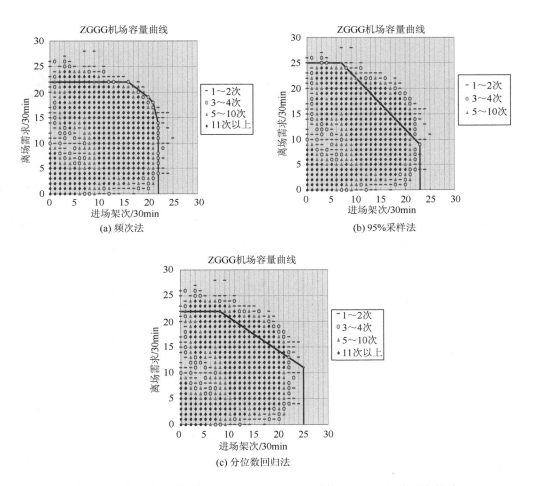

图 2.20　广州白云国际机场 20R、20L 号跑道结构下的 30min 容量包络线

3）上海浦东国际机场

上海浦东国际机场有 3 条平行主跑道。一号跑道 17L/35R，跑道长 4000m，宽 60m；二号跑道 16/34，长 3800m，宽 60m，跑道等级为 4F 级，两侧道肩各宽 7.5m，满足 F 类机型运行标准；三号跑道 17R/35L，跑道全长 3400m，宽 60m，跑道等级为 4F 级。上海浦东国际机场三跑道运行模式为 16/34 跑道与 17L/35R 或

17R/35L 跑道为一组，提供相关或独立进近运行；16/34 跑道与 17L/35R 或 17R/35L 跑道为一组，提供独立平行离场运行；17L/35R 跑道与 17R/35L 跑道为一组近距跑道，17L/35R 跑道主要用于离港，17R/35L 跑道主要用于进港。其运行示意图如图 2.21 所示。主用方向为南向，故本节研究 16、17R、17L 运行下的容量包络线[56]。

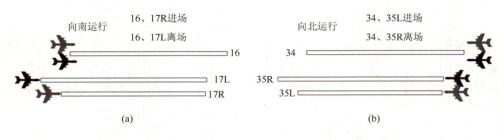

图 2.21　上海浦东国际机场三跑道运行示意图

（1）15min 容量预测结果。图 2.22 为上海浦东国际机场 16、17R、17L 号跑道结构下的 15min 时间窗口下的三种容量包络线对比图，图 2.22（a）为频次法，即 3～4 次采样法，此时预测出的容量值为 22 架次/15min；图 2.22（b）为 95%采样法，此时预测出的容量值为 17 架次/15min；图 2.22（c）为分位数回归法，此时预测出的容量值为 22 架次/15min。由预测结果可知，三种方法得到三个不同的容量值且 95%采样法＜分位数回归法≤频次法。

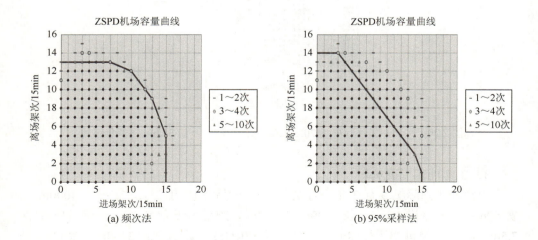

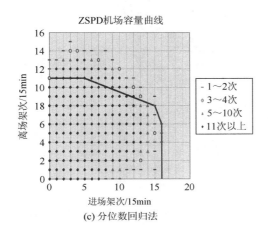

图 2.22　上海浦东国际机场 16、17R、17L 号跑道结构下的 15min 容量包络线

（2）30min 容量预测结果。图 2.23 为上海浦东国际机场 16、17R、17L 号跑道结构下的 30min 时间窗口下的三种容量包络线对比图，图 2.23（a）为频次法，即 3～4 次采样法，此时预测出的容量值为 39 架次/30min；图 2.23（b）为 95%采样法，此时预测出的容量值为 35 架次/30min；图 2.23（c）为分位数回归法，此时预测出的容量值为 37 架次/30min。由预测结果可知，三种方法得到三个不同的容量值且 95%采样法＜分位数回归法＜频次法。

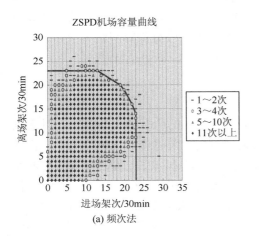

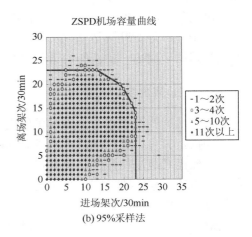

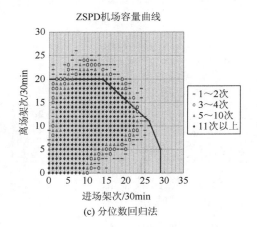

(c) 分位数回归法

图 2.23　上海浦东国际机场 16、17R、17L 号跑道结构下的 30min 容量包络线

由以上大样本数据对比结果可知，三种方法得到三个不同的容量值且其值关系均符合 95%采样法＜分位数回归法＜频次法。从原理上，95%采样法不考虑进离场比例的差异性，以"一刀切"的方式进行筛选，而分位数的方法可视为取每个进场率对应的 95%分位点上的离场值，进而将所有点按照单调非增凸函数性质进行拟合，因此分位数回归法具有显著优势。此外，频次法是从一定数量的高峰样本数据中筛选出现一定频率的数据点，该方法受样本量约束性较强且所得结果往往偏高，如图 2.16（a）所示，北京首都国际机场 15min 运行高峰时期达到进 13 架次，离 17 架次，远高于三跑道独立离场，相关进近运行下 15min 理论容量 26 架次/小时。同样，分位数回归法由于遍历所有进场架次，并没有排除偶然出现的高进场值，所以也可能出现结果偏高的情况，如图 2.16（c）所示，北京首都国际机场 15min 运行高峰达 28 架次/15min。综上，本书以分位数回归为主体，以频次法为辅助，提出一种新的容量包络线外边界确定法，即分位-频次法。

5. 分位-频次法

分位数回归法在理念上容纳了历史数据下所发生的所有的机场情况，且在置信区间内，其可以良好地反映出进离场的关系曲线，同时排除每种情况下的极端情况，然而其进场的区间却没有得到较好的控制，故本书在此提出一种新的容量包络的方法：分位-频次法。顾名思义，在分位数回归法的基础上利用频次法的特点优化容量包络线。如图 2.24（c）所示，当进场架次大于 23 架次/15min 时，进离场对出现的频率较低，根据 Gilbo 提出的频次法特征，我们取进离场对出现 3～4 次时对应的进场架次作为最大进场架次，改善后的浦东机场的 30min 容量为 36 架次/30min。北京首都国际机场、广州白云国际机场、上海浦东国际机场 15min

和 30min 容量包络线如图 2.24 与图 2.25 所示。通过以上的方法得到优化后的容量值，如表 2.5 所示。

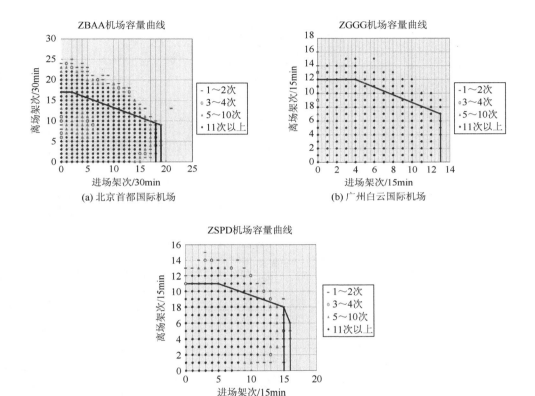

图 2.24　北京首都国际机场、广州白云国际机场、上海浦东国际机场容量曲线（15min）

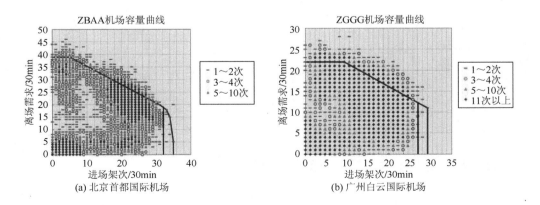

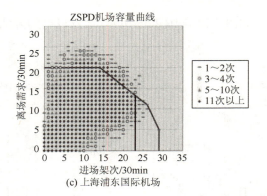

图 2.25 北京首都国际机场、广州白云国际机场、上海浦东国际机场容量曲线（30min）

表 2.5 北京首都国际机场、广州白云国际机场、上海浦东国际机场容量值对比

机场名称	时间窗口长度/min	方法	容量值	优化后容量值
ZBAA	15	频次法	30	27
		95%采样法	25	
		分位数回归法	28	
	30	频次法	54	51
		95%采样法	49	
		分位数回归法	53	
ZGGG	15	频次法	无	18
		95%采样法	18	
		分位数回归法	21	
	30	频次法	39	35
		95%采样法	34	
		分位数回归法	36	
ZSPD	15	频次法	22	23
		95%采样法	17	
		分位数回归法	22	
	30	频次法	39	36
		95%采样法	35	
		分位数回归法	37	

2.4.2 基于数学模型的起降航班流特性

通常，跑道系统是制约机场运行能力的瓶颈，故定义机场容量包络线为表征

机场跑道系统在不同进离场航班流分布下的最大服务能力曲线。因此，本节建立跑道容量包线数学模型，以反映不同跑道构型和运行方式下起降航班流之间的制约特征。

1. 单跑道容量模型

对于单跑道机场，进离场流对于跑道资源的竞争性显著，如图 2.26 所示。一般来说，单跑道容量包络线可视为由四个特征点构成。其中，点 1 为"全进场"点，表示跑道全部用于进场运行时的最大服务能力；点 2 为"自由离场"点，该点不仅与点 1 具备相同的进场服务能力，且能够在不改变进场率的条件下插入一定数量的离场航班；点 3 为"进离平衡"点，表示在进离交替运行条件下的跑道最大服务能力，该点进离场率均等；点 4 为"全离场"点，跑道全部用于离场运行时的最大服务能力。

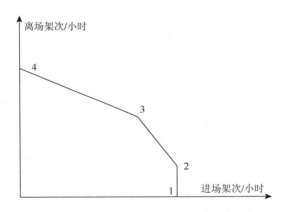

图 2.26　单跑道机场容量包络线示意图

1）全进场特征点模型

全进场运行下，跑道容量受两类约束限制。第一，最后进近过程中，连续航空器之间应保持不小于管制指定的飞行间隔。该飞行间隔由前后航空器类型决定。第二，跑道上不能同时容纳两架及以上航空器，最后进近过程如图 2.27 所示。为确保不违反上述约束，管制员指挥航空器保持一定的间隔裕度进入最后进近航段。单跑道全进场特征点计算模型所需参量如表 2.6 所示。

情况 1：$V_F \geqslant V_L$——后机速度不小于前机。

（1）最小尾随间隔约束。对于任意时刻 t，处于公共进近航段上的前后航空器位置为 $X_L = (V_L + \delta V_L)t$，$X_F = (V_F + \delta V_F)(t - \mu_1)$。其中，$\mu_1$ 为前后机进入公共进近航段的时间间隔。需要注意的是，由于后机处于追赶前机的状态，所以当前机到达跑道端时，后机位置为

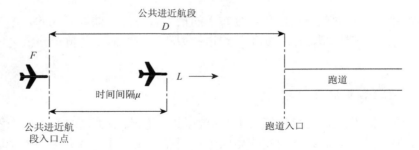

图 2.27　最后进近过程示意图

表 2.6　单跑道全进场特征点计算模型所需参量

参量名	含义
V_i	i 机型航空器进近速度
δV_i	i 机型航空器进近速度不确定性，假设该值符合均值为 0，标准差为 σV_i 的正态分布
X_n	航空器 n 距最后进近航段起点的距离
p_i	i 机型航空器的概率
t_{L0}	航空器 L 穿越跑道端的时刻
D	最后进近航段长度
S_{ij}	最后进近过程中 i 机型航空器跟随 j 机型航空器飞行应保持的最小间隔
μ	管制员针对连续进入最后进近航段航空器实施的时间间隔
R_{a_i}	i 机型航空器进场跑道占用时间
δR_{a_i}	i 机型航空器进场跑道占用时间不确定性，假设该值符合均值为 0，标准差为 σR_{a_i} 的正态分布
IAT_{ij}	i 机型航空器跟随 j 机型航空器条件下的着陆时间间隔

$$\begin{cases} X_F(t_{L0}) = (V_F + \delta V_F)(t_{L0} - \mu_1) \\ t_{L0} = \dfrac{D}{V_L + \delta V_L} \end{cases} \tag{2.45}$$

式（2.45）可进一步改写为

$$X_F(t_{L0}) = \frac{DV_F + D\delta V_F}{V_L + \delta V_L} - \mu_1 V_F - \mu_1 \delta V_F \tag{2.46}$$

由于 δV_F 和 δV_L 符合均值为 0 的独立正态分布，所以 $X_F(t_{L0})$ 也为符合均值

$X_F(t_{L0}) = \dfrac{DV_F}{V_L} - \mu_1 V_F$，方差 $\sigma_1^2 = \dfrac{D^2 V_F^2}{V_L^2}\left(\dfrac{\sigma_{V_F}^2}{V_F^2} + \dfrac{\sigma_{V_L}^2}{V_L^2}\right) + \mu_1^2 V_F^2 \dfrac{\sigma_{V_F}^2}{V_F^2}$ 的正态分布。在 95%

置信区间内，前机到达跑道端时应与后机至少保持最小间隔 S_{FL}。因此，$\mu_1 \geqslant \dfrac{D}{V_L} -$

$\dfrac{D - S_{FL}}{V_F} + \dfrac{1.65\sigma_1}{V_F}$。

（2）跑道占用时间约束。为确保跑道上不能同时存在多架航空器，在前机脱离跑道后才允许后机到达跑道端。令 μ_2 为前后机进入公共进近航段的时间间隔，前机脱离跑道时间 $t_{LX} = t_{L0} + R_{a_L} + \delta R_{a_L} = \dfrac{D}{V_L + \delta V_L} + R_{a_L} + \delta R_{a_L}$，后机到达跑道端时间 $t_{F0} = \dfrac{D}{V_F + \delta V_F} + \mu_2$。则

$$t_{F0} - t_{LX} = \frac{D}{V_F + \delta V_F} + \mu_2 - \frac{D}{V_L + \delta V_L} - R_{a_L} - \delta R_{a_L} \tag{2.47}$$

同理，式（2.47）可近似为

$$t_{F0} - t_{LX} \approx \frac{D}{V_F} - \frac{D\delta V_F}{\delta V_F^2} + \mu_2 - \frac{D}{V_L} + \frac{D\delta V_L}{\delta V_L^2} - R_{a_L} - \delta R_{a_L} \tag{2.48}$$

因此，时间差 $t_{F0} - t_{LX}$ 符合均值为 $\overline{t_{F0} - t_{LX}} = \dfrac{D}{V_F} + \mu_2 - \dfrac{D}{V_L} - R_{a_L}$，方差为 $\sigma_2^2 =$

$\sigma_{R_{a_L}}^2 + \dfrac{D^2}{V_F^2} \dfrac{\sigma_{V_F}^2}{V_F^2} + \dfrac{D^2}{V_L^2} \dfrac{\sigma_{V_L}^2}{V_L^2}$ 的正态分布。从而，在 98.7% 置信区间内，前后机进入公

共进近航段的时间间隔 $\mu_2 \geqslant \dfrac{D}{V_L} - \dfrac{D}{V_F} + R_{a_L} + 2.215\sigma_2$。

情况 2：$V_F < V_L$——后机速度小于前机。

（1）最小尾随间隔约束。由于后机速度小于前机，所以在最后进近过程中前后机间隔将逐步拉大。因此，间隔控制的关键点为公共进近航段入口，即应在入口处满足间隔 μ_1 要求：

$$X_L(\mu_1) - X_F(\mu_1) = (V_L + \delta V_L)\mu_1 \tag{2.49}$$

其均值和方差分别为 $\overline{X_L(\mu_1) - X_F(\mu_1)} = V_L\mu_1$、$\sigma_1^2 = \mu_1^2 \sigma_{V_L}^2$。从而，在 95% 置信

区间内，前后机进入公共进近航段的时间间隔为 $\mu_1 \geqslant \dfrac{S_{FL}}{V_L} + \dfrac{1.65\sigma_1}{V_L}$。

（2）跑道占用时间约束。跑道占用时间约束与情况 1 中计算方法相同。因此，对于给定 $\mu = \max(\mu_1, \mu_2)$，连续到达跑道端的进场航空器时间间隔如式（2.50）所示：

$$\text{IAT}_{FL} = \frac{D}{V_F + \delta V_F} - \frac{D}{V_L + \delta V_L} + \mu \tag{2.50}$$

同理考察其正态分布性质，平均时间间隔为

$$\overline{\mathrm{IAT}_{\mathrm{FL}}} = \frac{D}{V_F} - \frac{D}{V_L} + \mu \tag{2.51}$$

时间间隔方差为

$$\sigma_{\mathrm{IAT}_{\mathrm{FL}}}^2 = \frac{D^2}{V_F^2}\frac{\sigma_{V_F}^2}{V_F^2} + \frac{D^2}{V_L^2}\frac{\sigma_{V_L}^2}{V_L^2} \tag{2.52}$$

据此，跑道在全进场条件下的最大容量为

$$C_{\mathrm{Arrival}} = \frac{1}{\sum_i \sum_j p_i p_j \overline{\mathrm{IAT}_{ij}}} \tag{2.53}$$

2）自由离场特征点模型

当跑道同时用于起飞和降落时，需要在连续着陆的航空器间插入离场航空器。离场航班进入跑道起飞需满足一系列管制限制，包括在前机进场脱离跑道前不能开始滑跑；离场航班开始滑跑时，后机进场航班必须满足距跑道头一定间隔；离地时后机进场航班未到跑道头等。离场插空起飞示意图如图 2.28 所示。自由离场点计算额外所需参量如表 2.7 所示。

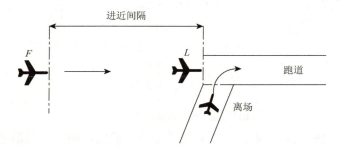

图 2.28　离场插空起飞示意图

表 2.7　自由离场点计算额外所需参量

参量名	含义
G_{ij}	i 机型航空器跟随 j 机型航空器起飞所需满足的最小间隔
c	离场通信延迟，假设该值满足均值为 $\overline{c}$，方差为 σ_c
R_{d_i}	i 机型航空器离场跑道占用时间
δR_{a_i}	i 机型航空器进场跑道占用时间不确定性，假设该值符合均值为 0，标准差为 σR_{a_i} 的正态分布
TFA_i	i 机型航空器插空起飞时后机进场航班与跑道头应满足的最小时间间隔
SD	截获距离

离场航空器插入连续进场航班之间的概率为

$$Pd_{ikj} = 1 - C\left(0, \overline{\text{IAT}_{ij}} - \overline{Ra_j} - \overline{c} - \max\left(R_{d_k}, \overline{\text{TFA}_i}\right), \sqrt{\sigma_{\text{IAT}_{ij}}^2 + \sigma_{Ra_j}^2 + \sigma_c^2 + \sigma_X^2}\right) \quad (2.54)$$

式中，$C(x, \mu, \sigma)$ 表示均值为 μ，标准方差为 σ 的正态分布在点 x 处的累积概率分布值。$\text{TFA}_F = \dfrac{\text{SD}}{V_F + \delta V_F}$，均值为 $\overline{\text{TFA}_F} = \dfrac{\text{SD}}{V_F}$，方差为 $\sigma_{\text{TFA}_F}^2 = \dfrac{\text{SD}^2 \sigma_{V_F}^2}{V_F^4}$。

因此，遍历各类机型的组合，连续进场中能够插入一架离场的累计概率值为 $Pd_1 = \sum_{i,j,k} p_i p_j p_k Pd_{ikj}$　$Pd_{ikj} \geqslant 0.5$。本模型将概率小于 0.5 的情况排除的原因主要是此情况下管制员不会考虑在离场中插入进场航班。故在连续进场中插入一架离场航班的情况下，可插入离场航班为 $\text{DI}_1 = C_{\text{Arrival}} Pd_1$。同理计算连续进场中插入两架离场航班的累积概率值 Pd_2，$\text{DI}_2 = C_{\text{Arrival}} Pd_2$。自由离场点数值可表示为 $C_{\text{dep point2}} = \text{DI}_1 + \text{DI}_2$。

3）进离平衡特征点模型

进离平衡点假设两架进场航班之间必须插入一架离场航班。该模型计算与全进场类似，仅需要将进场跑道占用时间改为以下时间分布的和：进场跑道占用时间、通信时间和离场跑道占用时间与截获时间的大值。即用 $\overline{Ra_L} + \overline{c} + \max\left(Rd_d, \overline{\text{TFA}_d}\right)$ 代替 Ra_L，用 $\sigma_{Ra_L}^2 + \sigma_c^2 + \sigma_y^2$ 代替 $\sigma_{Ra_L}^2$，其中，σ_y^2 为 $\sigma_{Rd_d}^2$ 或 $\sigma_{\text{TFA}_d}^2$。因此，进离平衡点表达式为

$$C_{\text{Point3}} = \frac{1}{\sum_i \sum_j \sum_k p_i p_k p_j \overline{\text{IAT}_{ikj}}} \quad (2.55)$$

4）全离场特征点模型

基于上述模型，离场容量表达式为

$$C_{\text{Dep}} = \frac{1}{\sum_i \sum_j p_i p_j (G_{ij} + \overline{c})} \quad (2.56)$$

2. 平行双跑道容量模型

平行双跑道运行可简单分为隔离运行与混合运行两类。其中，隔离运行是指一条跑道只用于起飞或降落；混合运行是指两条跑道均可以实施起飞与降落。对于隔离运行来说，进离场之间在不考虑跑道穿越情况下可视为互不影响，双跑道隔离运行容量包络线如图 2.29 所示，各点的计算方法与单跑道全进和全离模型相同，故不再赘述。本节主要针对双跑道混合运行下的容量包络线特征点进行建模。

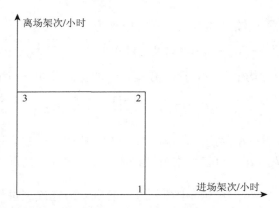

图 2.29　双跑道隔离运行容量包络线示意图

对于混合运行的情况，最常见的为相关进近独立离场，如图 2.30 所示。本节主要针对这种运行模式进行建模。特别地，对于独立运行来说，可视为两条独立的跑道，采用单跑道计算模型即可。

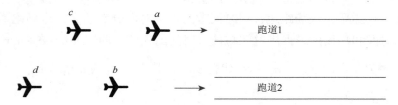

图 2.30　相关进近独立离场运行示意图

步骤 1　采用斜距代替尾随间隔计算航空器 a-b 的期望间隔时间 IAT 及其标准差，不考虑跑道占用时间。

步骤 2　直接采用单跑道模型计算航空器 a-c 的期望间隔时间 IAT 及其标准差。

步骤 3　采用与步骤 1 相同的方法计算 b-c 的期望间隔时间 IAT 及其标准差。

步骤 4　寻找航空器 c 的最大期望 IAT，如计算 $\max\left(\overline{\mathrm{IAT}_{ac}}, \overline{\mathrm{IAT}_{ab}} + \overline{\mathrm{IAT}_{bc}}\right)$，并根据计算结果令 $\sigma_{\mathrm{IAT}_c} = \sqrt{\sigma^2_{\mathrm{IAT}_{ab}} + \sigma^2_{\mathrm{IAT}_{bc}}}$ 或 $\sigma_{\mathrm{IAT}_c} = \sigma_{\mathrm{IAT}_{ac}}$。

步骤 5　同理计算 b-d 和 c-d 的期望间隔时间 IAT 及其标准差。

步骤 6　寻找航空器 d 的最大期望 IAT，如对比 $\overline{\mathrm{IAT}_{ab}} + \overline{\mathrm{IAT}_{bd}}$ 和 $\overline{\mathrm{IAT}_c} + \overline{\mathrm{IAT}_{cd}}$，并根据计算结果令 $\sigma_{\mathrm{IAT}_d} = \sqrt{\sigma^2_{\mathrm{IAT}_{ab}} + \sigma^2_{\mathrm{IAT}_{bd}}}$ 或 $\sigma_{\mathrm{IAT}_d} = \sqrt{\sigma^2_{\mathrm{IAT}_c} + \sigma^2_{\mathrm{IAT}_{cd}}}$。

步骤 7　重复步骤 1~6，遍历计算各类机型组合下的 IAT 及其标准差。

步骤 8　$C_{\mathrm{Arrival}} = \dfrac{2}{\sum_i \sum_j \sum_k \sum_l p_i p_j p_k p_l \overline{\mathrm{IAT}(i,j,k,l)}}$，其中 $\overline{\mathrm{IAT}(i,j,k,l)}$ 为四架航

空器着落时航空器对 j-i 的平均间隔。

步骤 9　在全进场基础上，计算各条跑道能够自由插入离场的架次，方法参照单跑道自由离场特征点模型。

步骤 10　考虑同跑道两架连续着陆的航空器之间必须插入一架离场的情况，计算进离平衡点容量值，方法参照单跑道进离平衡特征点模型。

步骤 11　独立离场条件下，全离场可参照单跑道全离场特征点模型。

3．三跑道及以上容量模型

对于拥有三跑道及以上的机场，虽然其跑道运行的组合方式更为复杂，但仍然可以将其分解为单跑道或平行双跑道的组合运行场景，进而采用上述模型即可简单累加测算机场容量包络线的特征点。

2.4.3　基于微观仿真的起降航班流特性

终端区起降航班流包括单股、汇聚、分散和交叉交通流，均可视为基于目标点（拥堵点、汇聚点、交叉点）的交通流。本节通过建立航班流微观调速、机动和等待模型，采用多智能体方法仿真推演起降航班流耦合运行特性。考虑起飞航班的运行较为简单，故本节重点针对进场航班流进行建模。

1．多机场交通流建模

1）调速跟驰模型

航空器进场飞行是一个逐渐减速和下降高度的过程，忽略不同类型航空器的加速性能。设 t 时刻前后航空器 i、j 在同航段内飞行，其位置分别为 $x_i(t)$、$x_j(t)$，速度为 $\dot{x}_i(t)$、$\dot{x}_j(t)$，加速度为 $\ddot{x}_i(t)$、$\ddot{x}_j(t)$，最小安全间隔为 D，管制员经验管制余度为 ΔS（管制余度表示达到最小安全间隔之前的一定距离开始管制行为），本书假设管制员具有可靠的冲突探测与解脱能力，能够同时解脱多架冲突航空器[57]。

在最后进近阶段，航空器以一定的加速度下降，其安全间隔已经调配完成，设 $v_{\min}^A$、$v_{\max}^A$ 为最后进近阶段的速度限制，其速度变化可描述为

$$\dot{x}_i(t+1) = \dot{x}_i(t) - \ddot{x}_i(t)\Delta t, \quad v_{\min}^A \leqslant \dot{x}_i(t+1) \leqslant v_{\max}^A \tag{2.57}$$

（1）当前后机速度满足 $\dot{x}_i(t) \geqslant \dot{x}_j(t)$ 时，无论前机匀速或匀减速飞行，后机将保持匀速飞行。

（2）当前后机速度满足 $\dot{x}_i(t) < \dot{x}_j(t)$ 时，前后机存在"追及"趋势。

若前机匀速飞行（状态保持），当两者间隔达到 $D+\Delta S$ 时，后机将以前机速度为目标速度进行减速跟驰，此时有

$$|x_i(t)-x_j(t)|=D+\Delta S \qquad (2.58)$$

设经过时间 T 后，前后机速度相等，不妨设此时间隔为 $D_1\geqslant D$，则

$$D_1=|x_i(t+T)-x_j(t+T)|=|x_i(t)-x_j(t)|-\frac{1}{2}\left(\int_t^{t+T}(\dot{x}_j(t)-\dot{x}_i(t))\mathrm{d}t\right) \qquad (2.59)$$

由式（2.59）可得

$$\Delta S\geqslant\frac{(\dot{x}_j(t)-\dot{x}_i(t))^2}{2\ddot{x}_j(t+T)} \qquad (2.60)$$

因此，当式（2.60）成立时，后机以前机速度为目标速度进行减速跟驰，能保证基本安全间隔，反之后机需要采取机动跟驰。

若前机以 $v_0(t)$ 为目标速度匀减速飞行（调速飞行），当两者间隔达到 $D+\Delta S$ 时，后机将以 $v_0(t)$ 为目标速度进行减速跟驰，ΔS 应满足：

$$\Delta S\geqslant\frac{(\dot{x}_j(t)-\dot{x}_i(t))(\dot{x}_j(t)+\dot{x}_i(t)-2v_0(t))}{2\ddot{x}_j(t+T)} \qquad (2.61)$$

因此，当式（2.61）成立时，后机以 $v_0(t)$ 为目标速度进行减速跟驰，能保证基本安全间隔，反之后机需要采取机动跟驰。

若前机处于偏航机动状态，前机机动出航角为 $\theta_i(t)$，后机将以前机的投影速度 $(\dot{x}_i(t))'=\dot{x}_i(t)\cos\theta_i(t)$ 为目标速度进行减速跟驰。假设前机匀速机动飞行，同理要满足：

$$\Delta S\geqslant\frac{\left(\dot{x}_j(t)-\dot{x}_i(t)\cos\theta_i(t)\right)^2}{2\ddot{x}_j(t+T)} \qquad (2.62)$$

若前机以 $v_0(t)$ 为目标速度匀减速机动飞行，同理得

$$\Delta S\geqslant\frac{(\dot{x}_j(t)-v_0(t)\cos\theta_i(t))^2-(\dot{x}_i(t)-v_0(t))^2\cos\theta_i(t)}{2\ddot{x}_j(t+T)} \qquad (2.63)$$

2）机动跟驰模型

在汇聚航线结构下，航空器汇聚排队的前后机关系较复杂，以距离汇聚点的实时距离为基准，根据 FCFS 策略进行排序，确定所有航空器的前后机关系。本节主要解析当管制余度无法满足调速要求时后机机动问题，如图 2.31 所示。

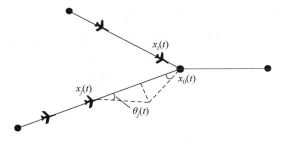

图 2.31　后机机动跟驰

设目标定位点的位置为 $x_0(t)$，后机出航角为 $\theta_j(t)$，则后机实际飞行距离

为 $\dfrac{|x_0(t) - x_j(t)|}{\cos \theta_j(t)}$。若前机匀速（包括机动匀速，出航角为 $\theta_i(t)$），为求最小出航

角，令

$$\frac{|x_0(t) - x_j(t)|}{\cos \theta_j(t)} = |x_0(t) - x_i(t)| + D + \frac{(\dot{x}_j(t) - \dot{x}_i(t)\cos \theta_i(t))^2}{2\ddot{x}_j(t + T)} \qquad (2.64)$$

则

$$\theta_j(t) = \arccos \frac{|x_0(t) - x_j(t)|}{|x_0(t) - x_i(t)| + D + \dfrac{(\dot{x}_j(t) - \dot{x}_i(t)\cos \theta_i(t))^2}{2\ddot{x}_j(t + T)}} \qquad (2.65)$$

因此，后机以出航角 $\theta_j(t)$ 飞行 $\dfrac{|x_0(t) - x_j(t)|}{2\cos \theta_j(t)}$ 距离后，再以入航角 $\theta_j(t)$ 飞行相

等距离即以指定速度到达目标定位点。

同理，若前机匀减速（包括机动匀减速），后机最小出航角满足：

$$\theta_j(t) = \arccos \frac{|x_0(t) - x_j(t)|}{|x_0(t) - x_i(t)| + D + \dfrac{(\dot{x}_j(t) - v_0(t)\cos \theta_i(t))^2 - (\dot{x}_i(t) - v_0(t))^2 \cos \theta_i(t)}{2\ddot{x}_j(t + T)}}$$

$$(2.66)$$

式中，$\theta_j(t) \leqslant \theta_{\max}$，$\theta_{\max}$ 是考虑航空器性能和飞行安全所规定的最大机动角度。

3）盘旋等待模型

由于进场是一个排序汇聚的过程，管制员需要控制进入排序队列航空器的架次，通常采用盘旋等待策略。航空器是否进入等待程序与过点间隔、尾流间隔、进场航段长度、队列航空器架次等因素有关，本书主要考虑过点间隔和航段架次的影响。假设航段 l_1 上航空器架次为 n_1，某定位点的过点间隔为 d_1，则满足

$n_1 \geqslant [l_1 / d_1]$ 时，通过定位点航空器需进入等待程序。

航空器爬升至指定空域进行盘旋等待等效于延迟了航空器到达目标节点的时间，设盘旋等待速度为 v_H，标准等待程序的时间为 T_H。当管制员采取 FCFS 策略时，后机到达定位点后也将进入等待程序（与等待前机处于不同高度层），以保证与前机的过点间隔；当管制员允许后机"超车"行为时，则等待空域的航空器 i 在时刻 $t + T_H$ 需重新选择插队时机，其出等待约束为

$$
\begin{cases}
n_1 < \left[\dfrac{l_1}{d_1}\right] \\
|x_j(t+T_0)| - |x_i(t)| \geqslant D \text{ 或 } |x_j(t+T_0)| - |x_i(t)| < 0
\end{cases}
\tag{2.67}
$$

式中，j 为 i 的相邻航空器；一般地，一个指定等待空域最大允许等待架次 n_H 受可使用高度层数限制。

2. 仿真实验

1）多智能体仿真建模

根据终端区交通流运行方式，建立管制员和航空器两类智能体。其中，管制员基于交通态势生成离散调配策略，并向航空器发送决策信息；航空器接收并执行调配指令，具有连续的运动学特征。多机场终端区交通流运行仿真流程如图 2.32 所示[58]。

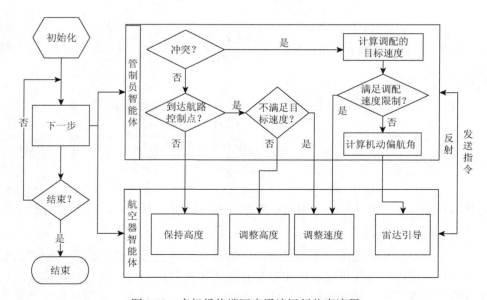

图 2.32　多机场终端区交通流运行仿真流程

2）仿真参数设定

以国内某复杂机场终端区为实例，构建基于 NetLogo 的三维动态仿真环境，如图 2.33 所示。仿真基础数据设定如表 2.8 所示。

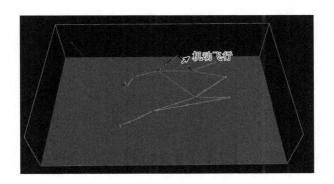

图 2.33　基于 NetLogo 的三维动态仿真环境

表 2.8　仿真参量标定

参量名	数值
统计粒度/s	1
交通流到达进场移交点时间间隔	泊松分布
连续离场航空器满足符合起飞间隔/min	2
管制员反应延迟时间/s	5
航空器进场阶段平均减速度/(m/s^2)	5
航空器离场阶段平均加速度/(m/s^2)	6
最后进近速度/节	140～170
起飞抬头速度/节	150～180

3）进场交通流对离场交通流影响分析

以分析进场密度、流量与离场流量间的关系为例进行分析。结果表明，进离场交通流关系可分为互不影响与相互影响两大阶段，图 2.34 中分别以绿色和蓝色显示，另外黑色表示空域内航空器逐渐减少的消散阶段。在互不影响阶段，空域进场流量较少，即使不断增加，离场航空器仍可正常插空离场，进离场之间互不影响；在相互影响阶段，进场流量持续增加，空域逐渐趋于拥挤状态，可放行航空器的时段减少，导致离场流量逐渐减少。图 2.35 中表明在离场流量一定的条件下，逐渐增加进场流量，离场航空器先是不受影响；进场流量达到一定水平后，部分时段离场航空器不能正常起飞；随着进场流量进一步增大，离场流量会逐渐减少[59]。

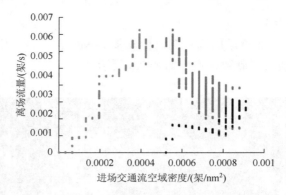

图 2.34　进场密度与离场流量趋势关系（见彩图）

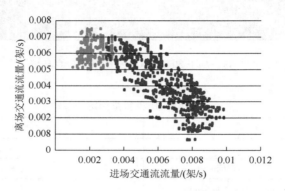

图 2.35　进场流量与离场流量趋势关系

2.5　本　章　小　结

　　本章首先介绍了复杂机场空域运行环境与管制运行环境，从微观航空器个体属性出发分析了航班流的基本属性，并进一步从宏观航班流挖掘其态势属性及其指标；考虑到进场航班流与离场航班流的耦合性，本章从实测数据、数学模型以及微观仿真三个角度分别研究了起降航班流特性，分析运行耦合规律，为研究复杂机场起降航班流调度方法奠定一定的理论基础，是研究复杂机场起降航班流调度的重要理论基础。

第3章 复杂机场航班起降独立调度研究

3.1 概　　述

流量分布不均衡、流量与容量不匹配引发的区域终端区拥挤是造成航班延误的重要原因之一。终端区航班排序问题是研究空中交通流繁忙的机场，在不违反安全间隔和管制间隔标准下，高效合理地为进离场航班提供优化的起飞着陆次序，实现航班高效运行，降低航班的大面积延误状况，是终端区进离场流量管理的重要内容。本章分别开展单机场进场和多机场离场优化调度问题。本章研究基于RHC 策略的终端区进场航班动态排序问题，目的是在终端区空中交通繁忙的情况下，有效地为到达航班安排合理的着陆次序，在满足安全间隔兼顾管制员负荷的情况下，给出航班经过多目标优化的着陆时间，提高航班进场率，降低飞行延误成本。本章研究多机场离场航班的放行调度问题，提出了在同一终端区内不同机场放行航班排序规划模型。由于机场之间交通流影响，模型将多机场的跑道和离场航线都考虑在内。此外，通过基于位置转换约束来模拟排序实际的规划问题。研究成果有助于针对不同进场的运行特点和瓶颈，提升空域资源利用率，有效地降低飞行延误与管制负荷。

3.2 航班着落多目标优化调度模型

3.2.1 基于 RHC 的多目标优化遗传调度算法

1. 问题提出

假设排序只考虑终端区内的着落航班流，航班按照机场不同的标准仪表进场程序从各个方向进入终端区着落，按照着陆时间先后顺序，在进场航线交叉点处以先后到达时间排成队列，图 3.1 描述了机场终端区航路平面结构图。

由图 3.1 可知，终端区空域按定义的两个调度界限划分为 3 个部分，排序算法在着落航班穿越设定的起始调度界限时，按照其一组参数（航班号、预计着落时间、机型等）将其参与排序。当航班穿越终止调度界限后，由算法分配给航班落地的到达时间就保持不变。两个界限间的时域成为航班动态排序区。本书计算

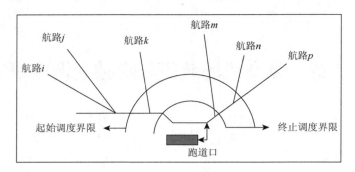

图 3.1　机场终端区航路平面结构图

的航班处于动态着落过程，考虑每次排序策略对管制员的影响，在启动算法前设定合理的起始调度界限与终止调度界限的时间间隔。目前的终端区流量管理主要通过管制员根据雷达屏幕上的航班间相对位置，通过冲突连线来控制距离间隔，从而实现飞行安全。考虑流量管理的精确性，必须引入时基的概念。将管制中使用的前后机距离间隔转化为排序系统的时间间隔，以时间为统一标准来实现对所有航班的排序管理。航班间的尾流间隔标准根据机型差异而定，ICAO 规定了无风条件下不同类型飞机之间的最小尾流间隔标准[60]如表 3.1 所示。

表 3.1　ICAO 规定的最小间隔标准

飞机类型	最小距离间隔/英里①			最小时间间隔/s		
	S	L	H	S	L	H
S	3	3	3	98	74	74
L	4	3	3	138	74	74
H	6	5	4	167	114	94

　　基于航班尾流间隔标准和各类机型航班延误成本[61-64]的不同，本书建立了旨在同时减少进场延误时间与降低延误成本的数学模型，根据航班的预计到达时间，对动态进场航班采用基于 RHC 策略的多目标遗传算法进行优化。

2. RHC 航班动态排序模型

1）RHC 策略

　　滚动时域控制（Receding Horizon Control，RHC）策略[65]是一种向前看 N 个时间步长的优化策略，对当前时间间隔内的有效信息进行收集，优化滚动时域内的问题，但仅执行当前时间间隔内的算法结果，忽略滚动时域内其他 $N-1$ 个时间间隔上的方

----
① 1 英里=1.609km

案，然后转到下一个时间，重新对更新的信息进行重复优化，是一种动态优化的方法。

RHC 航班进场排序策略的基本思想是：通过某种算法优化滚动时域内的着落航班流，但仅执行当前时域内第一个时间片上的结果，在下一个时域再重复执行相同的优化，RHC 优化策略如图 3.2 所示。

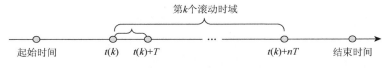

图 3.2　RHC 优化策略示意图

实施第 k 个时间间隔的优化结果，忽略当前滚动时域内其他时间间隔上的算法结果，并让 k 自加 1 后重复上述优化过程，直至满足设定条件而终止优化，航班进场多目标优化的 RHC 策略流程如图 3.3 所示。

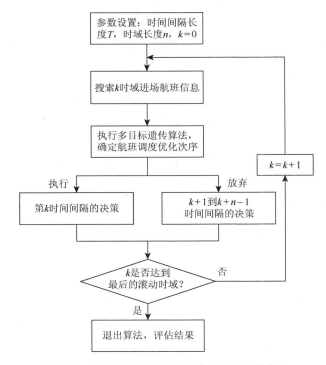

图 3.3　航班进场多目标优化的 RHC 策略流程

2）RHC 多目标优化模型

根据优化目标，结合 RHC 策略，引入下述变量建立多目标优化模型。

（1）k 表示当前滚动时域内正进行优化的时间间隔。

（2）T 表示滚动时域上一个标准时间间隔长度。

（3）N_k 表示一个滚动时域内包含的时间间隔总数。

（4）$.|k$ 表示当前计算的滚动时域。

（5）$N_{AC}(.|k)$ 表示航班预计着落时间（Estimated Time of Arrival，ETA）在 k 滚动域上的总数。

（6）$(k+j|k)$ 表示 k 时间区域内第 j 个时间间隔。

（7）$D_i(.|k)$ 表示 k 滚动域上航班 i 的时间延误值。

（8）$C_i(.|k)$ 表示 k 滚动域上航班 i 的成本延误值。

（9）$E_i(.|k)$ 表示 k 滚动域上航班 i 的 ETA。

（10）$S_i(.|k)$ 表示 k 滚动域上航班 i 分配到的实际到达时间（Scheduled Time of Arrival，STA）。

（11）$q(n,.|k)$ 表示在当前时域上处于优化后航班队列中第 n 个位置的航班。

以所有航班总延误时间和总延误成本最小化为优化目标，则目标函数可表示如下：

$$\min_{q(1,\cdot|k),q(2,\cdot|k),\cdots,q(N_{AC}(\cdot|k),\cdot|k)} D(\cdot|k) = \min \sum_{i=1}^{N_{AC}(\cdot|k)} D_i(\cdot|k) \tag{3.1}$$

$$\min_{q(1,\cdot|k),q(2,\cdot|k),\cdots,q(N_{AC}(\cdot|k),\cdot|k)} C(\cdot|k) = \min \sum_{i=1}^{N_{AC}(\cdot|k)} C_i(\cdot|k) \tag{3.2}$$

$$D_i(\cdot|k) = S_i(\cdot|k) - E_i(\cdot|k) \tag{3.3}$$

$$C_i(\cdot|k) = K_i \times D_i(\cdot|k) \tag{3.4}$$

式中，$D(\cdot|k)$ 表示 k 时域上的总时间延误；$C(\cdot|k)$ 表示 k 时域上的总成本延误；K_i 表示各种机型对应的成本常数。

约束条件如下。

最大位置约束（Maximum Position Shift，MPS）为

$$|n-i| \leqslant \text{MPS}, \quad q(n)=i, \quad i=1,\cdots,N; \ n=1,\cdots,N \tag{3.5}$$

3. 基于 RHC 的多目标遗传算法

1）基于航班号的染色体随机编码[66]

染色体编码长度为算法处理的航班总数，假定参与的排序队列中有 10 个依次降落的航班，航班编号分别为 0、1、2、3、4、5、6、7、8、9，每个编号都与特定航班对应，产生的随机个体 0542713869 表示航班按照 0-5-4-2-7-1-3-8-6-9 顺序依次进行降落。

2）适应度函数

适应度用来衡量种群中各个体在算法优化计算时能达到或有助于找到最优解的优良程度，本书求解函数是延误时间和延误成本最小化的多目标优化，因此本

书算法采用 Hajela 等提出的"可变目标权重聚合法[66]"。适应度函数如式（3.6）所示[67, 68]：

$$\text{Fit}(fx) = \frac{1}{f(x)} = \left(\frac{1}{\sum_{i \neq j} d_{i,j} x_{i,j}}\right)^p \tag{3.6}$$

式中，$d_{i,j}$ 表示目标对应的权值；$x_{i,j}$ 表示染色体对应的适应度；p 为常数，表示对适应度函数作幂运算。

3）选择运算

本书采用传统的轮盘赌法。若某个染色体的适应度为 f_i，则个体被选取的概率 P_i 表示为[69, 70]

$$P_i = \frac{f_i}{\sum_{i=1}^{n} f_i} \tag{3.7}$$

在进行选择操作时，为了能保证种群沿着优化的方向前进，引入精英保留操作，保证全局收敛性。

4）交叉运算

为了避免算法产生不可行解，本书采用 Goldberg 等提出的部分匹配交叉[71]操作方法。例如，针对下述两个父个体，随机选出两个交叉点，交叉点位置用竖线表示。

P_1：（2　3　|　6　9　7　4　|　1　5　8）；P_2：（5　4　|　6　8　3　2　|　7　1　9）

首先将两个交叉点之间的中间段交换，得到子代两个体。

C_1：（X　X　|　6　8　3　2　|　X　X　X）；C_2：（X　X　|　6　9　7　4　|　X　X　X）

式中，X 表示在部分交换后暂未赋值的基因，中间段映射关系有 6-6，8-9，3-7，2-4，接着以 C_1 为例，先保留从其父个体中继承的未被选中（没有映射关系）的航班序号 1、5，得到 C_1：（X　X　|　6　8　3　2　|　1　5　X）。

再根据编码对应原则，父个体 P_1 中第一个 X 的源码为 2，查映射表知 2 对应 4，因染色体中未出现过该值，则确定位置基因为 2，以此类推，第二个 X 的源码为 3，3 对应 7，确定基因值为 7，第三个 X 的源码为 8，8 对应 9，确定基因值为 9。最终确定 C_1 为（4 7 6 8 3 2 1 5 9），对应的 C_2 为（5 2 6 9 7 4 3 1 8）。如编码对应时出现对应码与确定位置的基因值相等，则根据编码对应表继续进行搜索匹配。

5）变异运算

变异的目标是实现群体的多样性，防止局部收敛。针对航班队列的染色体的变异操作是随机选择两个变异点，并交换这两点的基因。如航班队列为（0 2 1 3 4 5 6 8 9 7），随机选中的基因位置为第四位的 3 和第九位的 9，则变异后的染色体为（0 2 1 9 4 5 6 8 3 7）。

6）算法流程

算法步骤如下。

（1）统计滚动时域 k 范围内所需优化的航班。若 $k=0$，则依据 ETA 提取航班子集；若 $k>0$，则提取前 $k-1$ 时域内的冻结航班以及 ETA 在 k 时域范围内的所有航班。

（2）初始化种群。

（3）计算染色体对应航班队列的多目标优化函数：根据染色体上航班的 ETA 和确定序列之间的间隔要求计算航班的 STA。排在当前滚动时域内第一个位置的航班，与上一时域内被冻结的最后一个航班之间要满足尾流间隔；航班序列中不满足 MPS 约束的航班，要增加惩罚时间 600s。考虑航班进场成本情况，如航班延误超过 900s，则延误成本乘以 10。

（4）根据多目标优化函数计算适应度函数值。

（5）保留精英个体。

（6）判断进化代数是否为最大代数，若不是，进化代数加 1 并顺序执行，否则转至（10）。

（7）进行选择、交叉、变异操作。

（8）执行步骤（3）～（5）。

（9）评估遗传效果，若此时的最优个体优于当前最优个体，将其赋值给当前最优个体。否则用当前最优个体代替最差个体。

（10）判断（N_k+k）$\times T$ 与（T_E+T）值的大小，如果（N_k+k）$\times T>$（T_E+T）则优化结束，按顺序执行，否则 $k=k+1$ 转到步骤（1），T_E 表示设定的结束时间。

（11）输出排序结果。

3.2.2　多目标优化调度着落仿真验证

采用 C++编写仿真程序，并对文献[72]中的某机场 40 架连续进场航班进行了仿真验证。分别用先到先服务（FCFS）算法、延误时间最小的 RHC 策略、延误成本最小的 RHC 策略以及延误成本和延误时间混合优化的 RHC 策略进行计算。实际计算时，模型采用的参数如下：种群大小为每次进入 k 时域参与计算航班架次的 4 倍，交叉概率为 60%，变异概率为 1%，执行次数为每次进入 k 时域参与计算航班架次的 20 倍。尾流间隔采用表 3.1 中的时间尾流间隔，决策偏好 $d_i=0.5$，$d_j=0.5$，适应度幂函数 $p=0.4$，MPS $=3$，$T=360s$，$N_k=2$。根据文献[73]和[74]提出的各类机型航班延误成本计算，设定重中轻三种机型单位时间延误成本比为 5：3：1。计算时航班不考虑提前降落，航班延误成本为延误时间乘以单位时间延误成本。表 3.2 和表 3.3 分别为 FCFS 算法、延误时间最小的 RHC 策略、延误成本最小的 RHC 策略以及延误成本与延误时间混合优化的 RHC 策略下的降落时间表和延误结果分析表。

表 3.2　FCFS 和 RHC 策略下的降落时间

航班序列号	机型	预计到达时间/s	FCFS 降落时间/s	RHC 策略最小时间 降落时间/s	RHC 策略成本最小 降落时间/s	RHC 策略多目标优化 降落时间/s
1	L	54	54	54	54	54
2	L	108	128	128	128	128
3	L	136	202	202	202	202
4	H	199	276	518	276	276
5	L	227	390	276	484	632
6	L	289	464	350	558	706
7	H	325	538	424	370	370
8	L	473	652	632	632	484
9	L	496	726	780	820	558
10	L	525	800	706	968	780
11	L	587	874	928	1042	854
12	H	630	948	1002	706	1002
13	L	854	1062	854	894	928
14	S	976	1200	1169	1254	1254
15	L	1080	1274	1243	1116	1116
16	L	1243	1348	1317	1328	1328
17	H	1270	1422	1391	1402	1402
18	S	1388	1589	1849	1842	1842
19	L	1416	1663	1923	1704	1704
20	H	1490	1737	1490	1496	1496
21	H	1578	1831	1584	1590	1590
22	S	1657	1998	1751	1940	1940
23	L	1784	2072	1997	2162	2088
24	L	1912	2146	2219	2014	2162
25	L	1950	2220	2071	2088	2014
26	H	2046	2294	2441	2236	2236
27	L	2095	2408	2145	2444	2592
28	L	2154	2482	2293	2666	2444
29	H	2293	2556	2535	2330	2330
30	L	2336	2670	2367	2518	2814
31	L	2412	2744	2797	2740	2518
32	L	2560	2818	2723	2592	2666
33	L	2618	2892	2649	2814	2740
34	H	2770	2966	3102	3036	3036
35	L	2834	3080	2871	2888	2888
36	S	2875	3218	3363	3382	3382
37	L	2946	3292	2946	2962	2962
38	L	3028	3366	3028	3244	3244
39	H	3125	3440	3196	3130	3130
40	S	3160	3607	3461	3480	3480

表 3.3　FCFS 和 RHC 策略下的延误结果分析

航班序列号	FCFS 延误时间/s	RHC 策略时间最小 延误时间/s	RHC 策略成本最小 延误时间/s	RHC 策略多目标优化 延误时间/s
1	0	0	0	0
2	20	20	20	20
3	66	66	66	66
4	77	319	77	77
5	163	49	257	405
6	175	61	269	417
7	213	99	45	45
8	179	159	159	11
9	230	284	324	62
10	275	181	443	255
11	287	341	455	267
12	318	372	76	372
13	208	0	40	74
14	224	193	278	278
15	194	163	36	36
16	105	74	85	85
17	152	121	132	132
18	201	461	454	454
19	247	507	288	288
20	247	0	6	6
21	253	6	12	12
22	341	94	283	283

航班序列号	FCFS 延误时间/s	RHC 策略时间最小 延误时间/s	RHC 策略成本最小 延误时间/s	RHC 策略多目标优化 延误时间/s
23	213	378	230	304
24	307	102	176	250
25	121	138	212	64
26	395	190	190	190
27	50	349	349	497
28	139	512	364	290
29	242	37	37	37
30	31	182	330	478
31	385	328	328	106
32	163	32	32	106
33	31	196	196	122
34	332	266	266	266
35	37	54	54	54
36	488	507	507	507
37	0	37	37	37
38	0	216	216	216
39	71	5	5	5
40	301	320	320	320
延误时间/s	9548	6876	7633	7473
延误成本/元	30096	21468	20907	21019

本节给出了 FCFS 策略和基于 RHC 策略的三种优化情况。计算结果表明：基于 RHC 策略的多目标遗传排序算法结果与 FCFS 算法结果比较，延误成本约减少了 30%，延误总时间约减少了 22%，计算结果符合实际情况。因此本书提出的基于 RHC 策略的遗传动态排序算法比传统的 FCFS 算法更有效[75, 76]。本书给出的决策偏好为 0.5：0.5 的均衡偏好，决策者可根据偏好，设置偏好参数，获得自身满意的优化方案。

3.3　航班离场多目标优化调度模型

3.3.1　多目标优化调度模型与算法

1. 多机场离场调度问题

一个终端区多机场系统的简化图以及航空器从每个机场起飞到达定位点的起飞过程如图 3.4 所示。

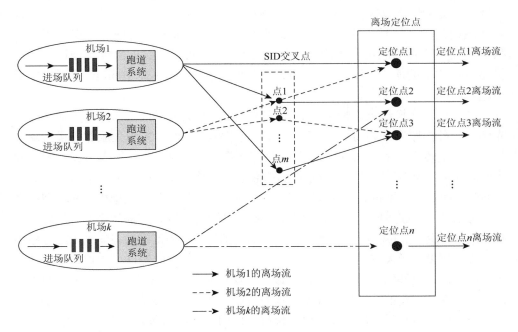

图 3.4　终端区多机场离场示意图

多机场离场排序的目的是确定在不同目标下的每个机场内离场航班最优的起飞队列和相应的起飞时间。这些目标包括跑道吞吐量最大化、总延误最小、确保各航空公司和各机场的权益均衡等。为了优化离场排序应满足以下约束条件[77-84]。

（1）最小起飞间隔。同一机场连续两架航空器间的最小起飞间隔必须考虑离场安全。连续两架航空器 i 与 j 所需的时间间隔 s_{ij} 由航空器类型以及所使用的标准仪表离场程序（Standard Instrument Departure，SID）决定。航空器类型以最大起飞重量可分成三类：重型机、中型机、轻型机。尾流间隔 w_{ij} 是后机 j 为避免前机 i 尾流影响需要保持的最小间隔。实际运行中，根据不同类型的航空器定义不同的尾流间隔。在平行跑道机场中，如果跑道中心线间的距离不小于 1035m 的要求，则可采用独立仪表离场，并且在起飞后立即偏离离场轨迹至少 15°；否则应采用隔离运行模式。此外，为确保离场飞机不造成空域拥堵，在离场航班之间还应满足航线间隔 r_{ij} 要求，该要求由航空器使用的 SID 和离场航空器的速度决定。因此，多机场离场航班的最小起飞间隔为 $s_{ij} = \max(w_{ij}, r_{ij})$。

（2）最小离场时间窗。某些机场中的一些航班需要满足离场时间窗的要求。离场时间窗有可能由于下游空中交通流量管理的需要，以避免在航路中或繁忙目的机场造成拥堵。这些时间窗对每一架飞机限定了最早和最晚的离场时间。如果任何一架飞机错过了它的时间窗，它将会延误，只能在稍后重新分配起飞时间窗。这种运行方式通常在美国机场与欧洲机场发生。在中国，通常通过拥堵区域内的两架连续航空器应满足最小起飞间隔，而不是离场时间窗。例如，从上海飞往北京的航班必须满足 10min 最小起飞间隔的要求。也就是说，同一机场飞往北京的航班，第二架起飞最早时间是前一架起飞后 10min，但不指定最晚起飞时间。

（3）位移交换约束。最常见的离场航班排序方法是保持先到先服务的顺序。先到先服务排序方法容易实现，而且满足公平性。然而，先到先服务的最大缺点是因起飞航班之间的最大间隔浪费而限制跑道吞吐量的增长。如上所述，最小起飞间隔是基于航空器类型和标准仪表离场程序。紧随重型机起飞通常需要保持很大间隔，而紧随轻型机起飞的间隔较小。将重型机分组并且将重型机排在轻型机之后，可以使离场起飞间隔优化，减小离场队列长度。然而，这样做必然导致航空公司之间的不公平。位移约束框架具有一定的灵活性，在小范围内将先到先服务序列中的飞机置换。最大位置置换参数指定了一架飞机在其 FCFS 队列中位置置换的最大值。因此，位移约束通过适当调整最大位置置换参数，既可以增加跑道吞吐量，同时也可保证一定的公平性。在多机场系统中，各机场可能会为离场点相互竞争。同样，可以在多机场离场排序中借用位移约束的概念，来保证机场之间的公平。

（4）多跑道运行。对于有多条起飞跑道的机场，每条常用跑道的延误的相对量直接影响机场运行的能力和效率。由于离场需求、航空器滑行限制以及管制员行为等特性，实际运行可能会引发跑道失衡。尽管全局目标是减少离场航班延误，但也不期望出现一条跑道有很长队列而另外一条跑道空闲的现象。离场跑道失衡的主要原因是由于离场推出航班方向的同质性以及跑道的运行程序。跑道平衡问题非常复杂，为了简化起见，本书讨论的多机场离场排序问题是基于每个机场仅有一条跑道用于离场。

（5）机场之间的交通影响。单机场离场航班排序问题（SADSP）和多机场离场航班排序问题（MADSP）之间的显著差异在于使用共同的、关键的离场资源，例如，离场定位点或标准仪表离场程序段。多机场系统中，每个机场各自的离场航线分布在有限的空域内。它们可能在特定点相交（包括离场交叉点）或甚至拥有一个相同的航段。航空器飞越交叉点时会要求保持一个安全间隔，这种限制使得不同机场的离场队列存在相互影响，重新安排机场离场序列可能会改变航空器从其他机场起飞的时间（图 3.5 和图 3.6）。由于交叉点的限制，离场排序必须将整个终端区交通流统筹考虑，否则将会造成空域拥堵并增加管制员工作负荷。此外，航空器从跑道到交叉点的飞行时间使跑道和定位点连结在一起，增加了问题的复杂性。对于一个典型的 SADSP，每架航空器都要避免和前机的潜在飞行冲突。相比之下，多机场起飞的航空器既要保持与本场前机的安全间距，又要满足从其他机场起飞航空器飞越相同交叉点时的限制要求。因此，计算满足所有限制要求的航空器起飞时间的复杂性大大增加。

2. 多机场离场排序模型

本节研究多机场终端区离场航班排序模型，其目的是在满足所有限制要求的条件下，为一组航空器确定离场队列以及相应的离场时间。

定义 $AD = \{1, 2, \cdots, A\}$ 为机场集合，A 是机场数量；$PT = \{0, 1, 2, \cdots, P\}$ 为交叉点的集合，P 是交叉点数量；$FL = \{1, 2, \cdots, N\}$ 为离场航班的集合，N 是离场航班总数；$a_i \in AD$ 为航班 i 的起飞机场；$p_i \in PT$ 为航班 i 飞行经过的交叉点，$p_i = 0$ 代表航班 i 没有通过交叉点。其他变量定义如下。

e_i：航班 i 最早起飞时间。

o_i：航班 i 在终端区内先到先服务序列中的位置。

k：MPS 预定值。

b_i：航班 i 离场时间窗的最早时间。

l_i：航班 i 离场时间窗的最晚时间。

F^c：受离场时间窗约束的航班集合，$F^c \subset FL$。

F_j^a：j 机场离场航班集合，$F_j^a \subset FL$。

N_j^a：集合 F_j^a 中航班的数量。

t_i^p：航班 i 从始发机场到航路点 p 的飞行时间。

τ^p：航班通过航路点 p 所需时间间隔。

决策变量如下。

c_i：是一个整数，表示离场航班 i 在终端区离场序列中的位置。

d_i：计算出的飞机 i 起飞时间。

约束条件如下。

离场航班必须准备好后才会请求起飞离场，因此：

$$d_i \geqslant e_i, \ i \in \mathrm{FL} \tag{3.8}$$

在该模型中，假设第一个航班在最早起飞时间起飞，即有

$$d_i = e_i, \ \text{如果} \ c_i = 1, \ i \in \mathrm{FL} \tag{3.9}$$

为了降低管制员工作负荷，机场内重新排序的航班要满足 CPS 约束：

$$|c_i - o_i| \leqslant k, \ i \in \mathrm{FL} \tag{3.10}$$

离场时间窗的航班要在指定位置起飞，否则将会延误，即

$$b_i \leqslant d_i \leqslant l_i, \ i \in F^c \tag{3.11}$$

所有离场航班必须满足所需的间隔要求，即同一机场起飞的飞机应满足起飞间隔要求，穿越同一航路点/定位点的飞机要保持预先确定的交叉点间隔：

$$d_j \geqslant \max_{i \in \mathrm{FL}|c_i < c_j, a_i = a_j} (d_i + S_{ij}) \tag{3.12}$$

以及

$$\begin{cases} |(d_i + t_i^p) - (d_j + t_j^p)| \geqslant \tau^p \\ i, j \in \mathrm{FL}, p \in \mathrm{PT} \ | \ c_i > c_j, p_i = p_j = p \end{cases} \tag{3.13}$$

目标函数如下。

离场排序的目标是减少航班延误，本节使用所有航班在终端区内的平均延误最小作为模型的目标函数，即

$$J^k(d_i) = \min\left(\frac{\sum_{i \in \mathrm{FL}} (d_i - t_i)}{N}\right) \tag{3.14}$$

机场 j 的平均延误计算如下：

$$D_j^k = \frac{\sum_{i \in F_j^a} (d_i - t_i)}{N_j^a} \tag{3.15}$$

3. 禁忌搜索算法

航空器排序问题是一个公认的 NP-hard 问题。MADSP 在以下两个方面增加了问题的复杂性：一是 k 值较大；二是需要为每一架飞机安排起飞时间。同时满足跑道使用间隔标准和离场定位点间隔要求，是 MADSP 的主要约束。在这些限制存在的条件下，在可接受时间范围内极难得到 MADSP 的全局最优解。为此本节设计以下算法来求解离场队列及起飞时刻的满意解。

　　禁忌搜索（Tabu Search，TS）算法是一种启发式算法，可以找到组合优化问题的接近最优解。禁忌搜索的基本思想是通过移动序列探索所有可行排序方案的搜索空间，可概括为：给定 TS 初始可行解 x_0，通过计算以及禁忌列表求出邻域中的最优邻解 x' 取代 x_0；在每个迭代步骤，禁忌列表记住局部最优解和最近的移动，以防止接下来的步骤重复操作；如果邻域集合是连通的，就可用禁忌搜索算法找到全局最优解。

　　TS 算法包括以下几个要点：初始解；邻域结构和移动；禁忌列表；评价功能；终止条件；算法步骤。

　　1）初始解

　　和其他启发式算法一样，禁忌搜索算法需要一个初始解。FCFS 原则可以得到初始解。对所考虑的所有航班，对按照预计离场时间（ETD）升序排列的序列进行几次调整，得到 x_0 作为 TS 的初始点。调整的原则是，在考虑 CPS 约束前提下，将离散序列中使用相同航路点的航班分散。如图 3.5 所示，假设原始离场序列中，机场 1 的飞机 3 和机场 2 的飞机 11 使用相同的航路点。虽然交换机场 1 中飞机 3 和 4 的位置可能会造成更大的间隔，但这样能够避免飞机 3 和飞机 11 在航路点处冲突，避免严重的交通延误。TS 算法调整后的初始解如图 3.6 所示。

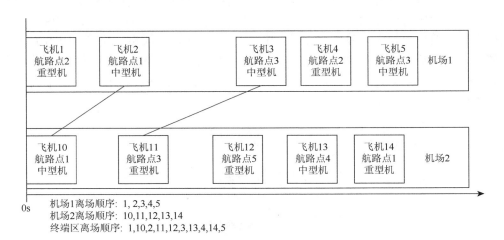

图 3.5　终端区航班原始离场序列

　　2）邻域结构和移动

　　邻域 $N(x)$ 是从当前解通过移动得到新的解的集合。在算法中，将 x 序列中某架飞机插入 j 点这一新位置，并且所有飞机均满足 CPS，即可得到一个新的邻解。因此，本书中邻解的结构定义为（飞机号，新的位置）。在邻解生成过程中定义两种类型的移动：第一种称作"积极移动"；第二种称作"被动移动"。例如，选

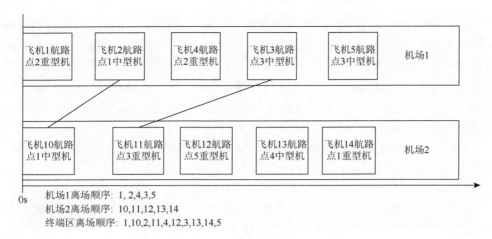

机场1离场顺序: 1, 2,4,3,5
机场2离场顺序: 10,11,12,13,14
终端区离场顺序: 1,10,2,11,4,12,3,13,14,5

图 3.6　TS 算法离场航班初始序列

择某架飞机移动到 j 点，本架飞机位置的改变称作"积极移动"；本架飞机的移动，会造成 i 点和 j 点之间（包括 i 点和 j 点）所有飞机的位置被迫发生改变，这些飞机位置的改变视为"被动移动"。

　　生成邻解的具体方法是：首先，在终端区序列中随机选择一架飞机，并找出它在序列中所有可能的位置，第 i 架飞机以及其他移动的飞机必须符合 CPS 约束；接下来，随机选择出计算可行点位置中 j 点，并将第 i 架飞机安排到 x 中第 j 点；如果 $i<j$，那么从 $i+1$ 到 j 所有的飞机都向前移动一个位置；如果 i 大于 j，则 j 到 $i-1$ 的所有飞机都向后移动一个位置。图 3.7 给出了移动点和相邻点的例子，相邻飞机记为（E，7）。

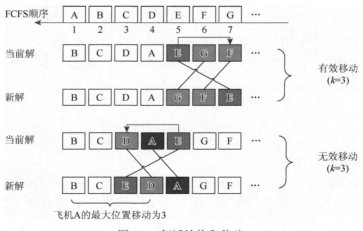

图 3.7　邻域结构和移动

通过检验每架离场航班是否满足 CPS 约束来验证新序列。如果这架邻机是有效移动，那么就把这邻机增加到 $N(x)$ 中；否则放弃这一序列，重新生成下一个邻点。

为了减轻计算负担，定义候补集合 $V(x)$。如果 $n(N(x)) > 100$，随机选取的 100 个新邻域点组成 $V(x)$；否则，选择整个邻域 $N(x)$ 作为候补集合 $V(x)$。

3）禁忌列表

每一架飞机都有自己的禁忌列表，由其历史移动组成。用这些禁忌列表来探索搜索空间，直到只留下旧的解域。每架飞机的最后 r 步移动将会被储存在各自的禁忌列表中；任一积极移动，将飞机移回到列表中记忆的位置，都将会被拒绝。r 的长度设置如下：

$$r = \begin{cases} 6, & k \leqslant 6 \\ k, & 6 \leqslant k \leqslant 20 \\ 20, & 其他 \end{cases} \tag{3.16}$$

如果禁忌移动满足期望标准，则将其从禁忌列表中删除，这个过程称作解脱束缚。在迭代过程中采用两个期望标准：一是所有候补域中的解均不禁用时，那么选择具有最小目标值的解将其解脱束缚；二是虽然一个解被禁用，但其评价功能价值比当前最优解要好，那么将该解解脱束缚并放回候补集合中。

4）评价功能

通过评价功能从候补域选择新的初始点。本书中用 $J^k(d_i)$ 作为评价功能的目标函数。

5）终止条件

作为一种启发式算法，禁忌搜索算法旨在可接受的时间范围内找到一个满意的解决方案。禁忌搜索算法完成预先设置的 MAX_ITER 迭代步数后就会终止。另一条件也会使得算法终止，即当目标值在有限的 MAX_OPT 步数不再增加，就会终止算法。在本书算法实现中，设置 MAX_ITER = 10000，MAX_OPT = 500。

6）算法步骤

步骤 1　计算初始解 x^{now}。设置迭代步数 $N_{iter} = 0$，最优解产生的迭代数 $N_{opt} = 1$，当前最优解 $x^* = x^{now}$，禁忌列表集合 $T = \varnothing$。

步骤 2　①如果 $N_{iter} = \mathrm{MAX\_ITER}$，或者 $N_{opt} = \mathrm{MAX\_OPT}$，终止算法并输出优化解。②否则在 $N(x^{now})$ 中随机选择 100 个新解，或者使整个 $N(x^{now})$ 组成候补集合 $V(x^{now})$。在期望标准下这些解不被禁止也不解脱束缚。

步骤 3　对于 $V(x^{now})$ 中的所有解，取一个优化解，并用 x^{next} 表示，让 $x^{now} = x^{next}$，$N_{iter} = N_{iter} + 1$。

步骤 4　①如果 $J(x^{now}) < J(x^*)$，则 $x^* = x^{now}$，$N_{opt} = 1$；②否则 $N_{opt} = N_{opt} + 1$。

步骤 5　更新 T，然后转向步骤 2。

3.3.2　多目标优化调度离场仿真验证

本节将以上海终端区为例，通过实际数据和模拟仿真来评估所提模型与算法的优越性。作为多机场终端区系统的典型，上海终端区是中国最繁忙的终端区，涵盖了两个枢纽机场，上海虹桥国际机场（SHA）和上海浦东国际机场（PUD）。基于上述章节的模型与算法，采用 Microsoft Visual C++ 6.0 语言开发了一套仿真系统，为多机场终端区的离场航班进行排序。

首先，使用真实的运行数据来检验所提模型和算法。然后，在不同程度的拥堵下进行一系列 1000 次 Monte Carlo 仿真，来研究某些关键参数对排序结果的影响。假设每个机场只有一条跑道用于离场，SHA 用 18 跑道，PUD 用 16 跑道。模型中所需的尾流间隔矩阵在表 3.4 中给出，用来确定同一跑道上连续离场所需最小时间间隔。某些航班额外的限制在表 3.5 中列出，交叉点的时间间隔需求依赖于离场航班的目的机场。下面所有测试都是在个人计算机上进行的，配置 3.20GHz 的中央处理单元以及 1.0GB 的内存。处理时间为 1～2min。

表 3.4　跑道离场最小时间间隔

前机	后机	
	重型机	中/轻型机
重型机	1.5min	2min
中/轻型机	1min	1min

表 3.5　离场定位点所需尾流间隔

定位点	尾流间隔
HSN	—
PIKAS	7min
SX	同机场起飞需要 7min，其他 3min
ODULO	—
LAMEN	—

1. 实例分析

本实验中所用的离场数据是上海终端区的真实航班数据，数据来自民航局空中交通管理局运行管理中心。当天上海终端区共有 567 架离场航班（虹桥机场 252 架，浦东机场 315 架）。实验中选择 15：00 到 16：00 的航班作为输入。表 3.6 给出了该时间段内每个机场通过不同离场定位点的离场航班数目。

表 3.6 15：00~16：00 机场离场航班数目

机场 \ 定位点	HSN	LAMEN	ODULO	PIKAS	SX	Total
PUD	8	2	4	3	3	20
SHA	0	0	0	9	9	18
Total	8	2	4	12	12	38

在实验中，分别设置三个场景来评估单一机场离场排序问题与多机场离场排序问题的不同。场景 A：浦东机场开放，虹桥机场关闭；场景 B：虹桥机场开放，浦东机场关闭；场景 C：该段时间内两个机场同时开放。早期研究指出，离场排序最大位置转移数目通常很小（实际中最多是 3）。因此参数 k 在场景 A 和场景 B 中取 3，在场景 C 中取 6。

为了说明机场间的交通影响，不同场景下的离场延误结果如表 3.7 所示。可以看到，无论是使用 FCFS 原则还是最优原则，场景 C 下每个定位点（除了 HSN）的平均延误以及机场的平均延误均比场景 A 和 B 要高出很多。通过 PIKAS 与 SX 的离场航班数量超过整个终端区总数航班的 60%，其中包括来自虹桥的所有航班以及来自浦东 25%的航班。一个合理的结论是，通过 PIKAS 和 SX 点的交通影响对离场流有很大的影响。因此，优化通过 PIKAS 和 SX 点的交通是减少终端区平均延误的关键。

表 3.7 不同场景和规则下航班延误的结果（分钟/航班）

定位点/机场	场景 A（k=3）		场景 B（k=3）		场景 C（k=6）	
	FCFS	优化模型	FCFS	优化模型	FCFS	优化模型
HSN	1.13	1.13	—	—	14.38	0.5
LAMEN	0.5	0.5	—	—	9	0.5
ODULO	3	3	—	—	4.5	4.25
PIKAS	1	1	20	5.44	27.17	16.25
SX	2	2	19.44	9.67	22.83	10.25
PUD	1.55	1.55	—	—	11.35	3.2
SHA	—	—	19.72	7.55	29.11	15.33
终端区	1.55	1.55	19.72	7.55	19.76	8.95

　　表 3.8 给出了在不同机场/定位点的连续两架航班间的间隔。注意到场景 C（两个机场均开放）下，每架飞机的平均离场间隔要比只有一个机场开放（场景 A 和 B）大。这表明跑道容量已不再是产生航班延误的主要原因。同时，在优化模型中，PIKAS 与 SX 点的间隔分别降到了 7.45min 和 5.55min（表 3.9）。两个定位点容量已经被充分利用。这与前面所讨论的结论相一致，并且证实了充分利用共享和关键的离场资源是多机场离场航空器排序的意义所在。

表 3.8　定位点两架航空器间的时间间隔　　　　　　（单位：min）

定位点/机场	场景 A		场景 B		场景 C	
	FCFS	优化模型	FCFS	优化模型	FCFS	优化模型
HSN	8	8	—	—	10.25	8.14
LAMEN	34	34	—	—	43	34
ODULO	5.67	5.67	—	—	6.33	4.67
PIKAS	25	25	9.75	7.25	8	7.45
SX	19	19	8.47	6.35	8.09	5.45
PUD	3.26	3.26	—	—	4.22	4.11
SHA	—	—	4.71	3.53	5.53	4.41

表 3.9　场景 C 下 PIKAS 和 SX 点飞机间的时间间隔　　　　　　（单位：min）

	PIKAS		SX	
	FCFS	优化模型	FCFS	优化模型
1	7	8	7	3
2	18	11	8	4
3	7	7	3	5
4	7	7	4	3
5	7	7	7	7
6	7	7	18	7
7	7	7	7	7
8	7	7	7	7
9	7	7	14	3
10	7	7	7	4
11	7	7	7	11
均值	8	7.45	8.09	5.55

图 3.8 描绘了每个机场内航班的离场序列、离场时间以及定位点时间。可以看出，使用本书提出的模型和算法相比 FCFS 规则，离场时间可以更好地分布在整个时间跨度上。在 FCFS 序列里，大约在 20min 时间里（飞机 13 和飞机 17 之间），终端区内只有五架航班起飞。相比之下，经过优化之后，这段时间内有 12 架航班从虹桥和浦东机场起飞。因此，每架飞机平均延误时间从 19.76min 减少到 8.95min。

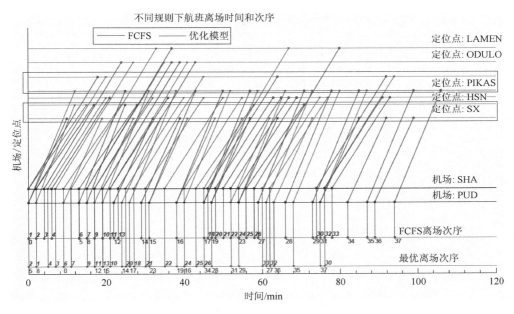

图 3.8　不同规则下航班排序和离场时间（$k = 6$）（见彩图）

2. Monte Carlo 模拟仿真

本节将通过 Monte Carlo 仿真进一步研究模型中的两个重要参数对结果的影响：位置置换数目的最大值 k，以及飞行时间 t_i^p。仿真实验中采用泊松过程随机生成离场航班数据，并对每个机场设置三种不同的离场需求场景：①在拥堵的情况下，单跑道的离场率是每小时 35 架；②在一般情况下，离场率是每小时 45 架；③在不拥堵情况下，离场率是每小时 55 架。对于每个场景，生成 50 架航班，并且所有航班的航空器性能分布、时间和空间分布都与实际交通数据相符。

1）k 值对排序结果的影响

由于篇幅限制，表 3.10 给出了在一般场景下，不同位置转换数目最大值下的终端区平均延误的优化计算结果，并未包含其他两个场景的结果。从得到的结果来看，增加 k 值会减少终端区的平均延误。此外，k 有一阈值，超过此阈值后 k

对优化结果影响不大。这可通过 FCFS 序列中飞机之间的最大距离得以解释。即使是在最糟糕的交通情况下，通过移动重新排列即可填补空隙。由于禁忌搜索算法的特性，即使 k 值很小（$k=1$ 除外），在 1000 次仿真测试中，终端延误还是有较小波动。作为一种启发式算法，禁忌搜索算法并不能保证能找到全局最优解，但是它能够在可接受的时间范围内提供一个满意解。仿真中，系统在达到预设定最大迭代步骤时将输出满意解（见 3.3.1 节）。

表 3.10　1000 次模拟仿真终端区平均延误计算结果（一般场景：每小时 45 架飞机，单位：min）

k	1	2	3	4	5	6	7	8	9	10	50
最小值	34.42	29.7	28.76	25.94	25.96	23.94	22.92	21.74	20.98	19.72	17.98
最大值	34.42	30.98	30.98	28.96	27.88	26.98	25.48	24.58	23.82	22.96	
均值	34.42	30.22	29.99	27.41	27.16	25.13	24.40	23.26	22.70	21.76	20.53
中位数	34.42	29.96	29.94	27.72	26.96	24.93	23.97	22.96	22.89	21.92	20.82
标准差	0	0.4601	0.4839	0.7474	0.6005	0.7753	0.8015	0.8886	0.7996	0.8912	1.1462
波动范围	0	1.28	2.22	3.02	3.02	3.94	4.06	3.74	3.6	4.1	4.83

在不同场景下算法的平均运行时间如表 3.11 所示。对于每一个场景，当 k 值从 1 增加到 2 时，CPU（Central Processing Unit）的运行迅速增加，然后在一定程度下波动，并对 k 不敏感。在拥堵场景下 CPU 运行相比其他场景运行要长的主要原因是，计算满足离场序列所有强加的限制的起飞时刻通常要超过正常情况或稀疏交通的情况。

表 3.11　不同交通场景下 CPU 运行时间　　　　　　（单位：s）

K	1	2	3	4	5	6	7	8	9	10
轻量交通	39.5	54.6	65.0	65.4	70.5	77.6	73.7	81.9	74.6	75.0
一般场景	39.1	67.7	57.6	72.2	71.0	75.1	75.6	71.1	76.9	79.1
拥挤场景	40.9	72.3	74.8	77.9	84.4	81.5	89.6	85.4	84.6	87.5

为衡量每个机场性能的改善，引入"延误减少百分比"。PD^j 表示飞机 j 在转换 k 个位置移动最大数目优化后延误减少的百分比。PD^j 计算如下：

$$PD^j = \frac{D_j^0 - D_j^k}{D_j^0} \times 100\% \qquad （3.17）$$

百分比 PD^j 的不同在一定程度上反映了 PUD 和 SHA 两个机场之间某种意义上的公平性。图 3.9 是在 1000 次仿真下平均 PD^j 的曲线图。可以看出曲线可以分为三个主要区域。第一部分是 k 为 1~3，PD^j 之间没有显著不同。当 k 从 3 增加到 6 时，PUD 与 SHA 之间的 PD^j 的区别开始增加。当 k 值超过 6 时，机场之间的不公平趋势开始增大。出现这种情况的原因可能是来自 PUD 机场的航班离场用了所有的定位点，然而来自 SHA 的航班只用了 2 个定位点。当调配飞机起飞顺序的灵活度增大时，机场之间的交通影响将会引起离场资源的竞争。从上述讨论中可得出以下结论：当 k 值很小时，CPS 能够在一定程度上保持机场之间的公平程度；当 k 超过一定阈值时，不公平性就会很明显地表现出来。

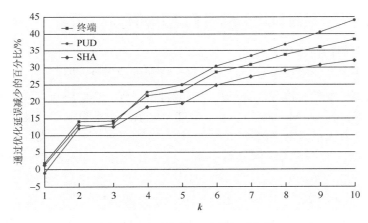

图 3.9　通过优化延误减少百分比

由于每种场景在 FCFS 策略下的延误不同，所以为对比不同场景下优化的结果，需要对优化后的延迟进行标准化处理，即将优化的终端区平均延误除以使用 FCFS 策略的终端区平均延误。图 3.10 的每条曲线是在每一场景下按照不同 k 值标准化的延误。正如预期，k 值在排序结果中起重要作用。在每一场景下，随 k 值增大，延误线性下降。k 每增加 1，平均延误将下降 2.2%~3.7%。对比发现，在一般场景下优化结果对于 k 值非常敏感。导致这种现象的原因有如下几点：①在非拥堵情况下，用 FCFS 原则，相同跑道和离场点的飞机之间的平均间隔足够大。此外，重新分配的起飞时间 CTD 不能比计划时间 ETD 提前。所以，即使 k 值设置为 10，也只有 22% 的平均延误降低。②相比而言，大量的交通需求将会使得跑道和空域更加拥堵，并且出现离场资源短缺。即使使用优化离场策略，大量的飞机也会延误，因为仅较小的空间可进行优化。③在一般场景下，既有适当的交通需求，又有足够空闲资源进行优化。因此，当 k 值增加时，延误降低要比其他两个场景更显著。

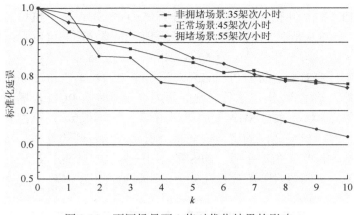

图 3.10　不同场景下 k 值对优化结果的影响

2）t_i^p 对排序结果的影响

为加速离场，管制员经常会对飞机发出特殊机动指令，控制飞行时间 t_i^p。通过引导飞机脱离分配的标准仪表离场程序，或者指引到一个航路点，从而满足尾随间隔（Miles-in-Tail，or Minutes-in-Tail，MIT）要求。在实验中，可设置具体时间窗 $[t_i^p - a, t_i^p + b]$ 取代 t_i^p 来提高离场管理的性能。考虑安全，额外的飞行时间 b 经常少于 2min，而最大减少飞行时间 a 为 6min。图 3.11 中给出了标准化的延误与减少飞行时间 a 之间的关系。可以看出，增加减少飞行时间 a 会引起平均延误的减少。例如，将 a 从 2min 增加到 3min，在一般场景下每架飞机的平均延误会从 23.53min 减少到 21.36min。实际上仅有一小部分航班（平均 6%，最多 10%）会改变它们的飞行时间 t_i^p。并且，注意到所有的航班离场时都会经过 PIKAS 或 SX。因此，可以得到一个结论：充分利用关键离场资源能够提高整个终端区运行性能。

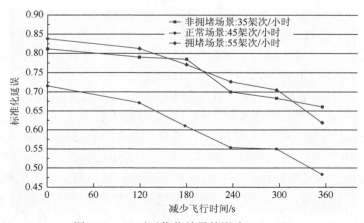

图 3.11　t_i^p 对于优化结果的影响（$k = 6$）

3.4　本 章 小 结

本章讨论了基于 RHC 策略的终端区机场动态排序问题。采用的遗传算法计算结果表明，本书的建模方法及算法的选择在解决单跑道终端区排序问题时是快速有效的，能够满足实时操作的要求；同时可以减少平均延误成本、总延误时间。算法采用的 RHC 策略可满足决策者对于动态航班的灵活管理要求，排序队列生成时间对决策者而言具有良好的操作性，决策者可根据自身偏好选择最终调度方案，优化效率高。但由于动态航班多目标优化的复杂性，算法需进一步改进。算法应考虑减少对管制员负荷的增量，增强管制员接受度，从而更加满足实际系统的运行需求。鉴于目前国内的大终端区多采用双跑道运行，在今后的工作中将结合双跑道机场实际情况进行研究，以期实现更好的经济效益。

本章研究了一个新的模型解决多机场系统下离场排序问题。在模型中，跑道和离场定位点是终端区的关键资源。航班和机场的公平性通过 CPS 来保证。此外，提出了禁忌搜索算法，使问题在可接受的时间范围内得到满意的解决方案。所提模型和算法通过上海终端区的航班运行数据以及 Monte Carlo 模拟仿真得到了验证。结果表明，离场定位点的有限容量是限制多机场系统离场流增加的主要因素。优化共享离场定位点能够提高终端区容量。通过控制置换位置数目的最大值以及时间窗，终端区和机场的平均延误将会降低。然而，机场之间交通相互影响，重新安排航班灵活性增强，会引起飞机之间不公平。总的来说，本书的工作提供了一个新的模型以及一个新问题的高效算法。在该领域中还有更多的相关工作需要完成。本书工作的一个延伸是包含机场以及航班的偏好；另一个延伸是考虑多机场系统内的多跑道的运行。一体化考虑终端区进场流和离场流排序将会是 ATFM 领域内最有趣与困难的问题。

第4章 复杂机场航班起降联合调度研究

4.1 概 述

近年来，随着中国航空运输业务量的迅速增长，许多机场通过增加跑道等手段提高容量，缓解航班延误。虽然多跑道运行在一定程度上提升了机场可用容量，但同时使得机场运行态势更为复杂，对战术阶段的航班调度提出了更高要求。为了满足多跑道机场运行的安全性、高效性，依靠传统方式下人工手动或经验调度已不能满足其高负荷的运转要求，亟需从战术层面提供更加灵活、高效的航班调度策略，实现机场终端区精细化的流量管理过程。在保证安全的前提下，高效、合理地优化航班起降次序是重要手段之一，可以为提升中国典型繁忙机场运行效能、缓解航班延误提供方法支持。本章聚焦多跑道起降优化调度问题，提出实时、高效的战术流量管理策略，提升大型繁忙机场运行效能。

4.2 问 题 描 述

机场跑道与进离场航线相互耦合形成一体化的终端区系统，如图 4.1 所示。图 4.1 是一个典型的终端区时空模型，模型假设机场有两条跑道，采用独立平行

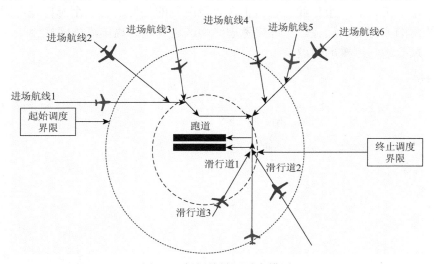

图 4.1 机场终端区时空模型

仪表进近运行模式，进场航班从不同入口点进入终端区并按照指定航线进场，离场航班根据地面管制滑行规则到达指定跑道入口处等待离场，根据预计到达跑道入口时间次序对所有进离场航班排序并分配起降时隙。模型通过起始调度界限和终止调度界限将终端区划分为三部分，中间部分则为本书研究的排序区域。

　　由于前后机不同机型所需配备的最小安全间隔不同，同时，多跑道结构使得该调度问题复杂化，对进离场航班进行安全、合理、高效排序并确定最佳起降跑道是提升进离场效率、减少航班延误的方法之一。管制员通过管制指令实施进离场航班的调度次序与跑道的确定，其管制负荷与管制指令工作量正相关，控制管制负荷在可接受水平是保证运行安全的前提。因此，以航班总延误最小为单目标优化，研究多跑道的航班起降调度优化问题，主要考虑进离场航班满足安全约束的最佳调度次序；以航班总延误最小、管制负荷最小为多目标优化，兼顾考虑多跑道进离场航班调度的安全间隔约束与管制负荷约束，使优化结果更具可操作性。中国民航最新最小间隔标准如表 4.1 所示[85]。

表 4.1　各机型最小时间间隔

	落地前机	落地后机	时间间隔/s
机型	重	重	90
	重	中	90
	重	轻	115
	中	重	90
	中	中	90
	中	轻	100
	轻	轻	90
	轻	轻	90
	轻	轻	90
机型	离场不分机型		同向 120/不同向 180
	落地飞机间插离场飞机		时间间隔/s
	重型机		140
	中型机		115
	轻型机		110

4.3　多跑道起降单目标动态优化调度方法

本节研究多跑道起降单目标动态优化调度方法，考虑多跑道运行条件和安全要求等因素，以航班延误总时间最小为目标，以最大位置偏移为约束，通过引入滚动时域控制策略，建立航班动态排序模型；针对多跑道航班调度问题的特点，设计基于滚动时域控制策略的遗传算法对模型求解验证；基于广州白云国际机场实际运行数据，分别采用基于滚动时域控制策略的遗传算法和先到先服务算法进行仿真试验，结果表明：在航班正常运行的条件下，基于滚动时域控制策略的遗传算法总延误时间比先到先服务算法缩短了632s，降低了 37%；在航班延误条件下，基于滚动时域控制策略的遗传算法比先到先服务算法缩短了 689s，降低了 41.5%。多跑道机场运行效能有所提高，所提方法有效。

4.3.1　基于滚动时域控制策略的航班动态排序模型

1. 概述

进离场航班动态排序模型可视为离散事件模型，一旦有新的航班进入终端区加入排序队列，系统的状态即航班队列就发生变化。其研究难点在于动态情况下未进入终端区和尚未加入起飞排序队列的航班预计起降时间是不确定的[86]。本书将引入另一种动态排序方法，即基于滚动时域控制的排序算法。在该策略下排序以固定的时间频度来实现航班优化的动态性。

2. 数学模型

将 RHC 策略应用到航班动态排序问题中，建立基于 RHC 策略的航班动态排序模型。令 N 为参与排序的总航班数；R 为机场跑道数；T_{qh} 为同一跑道先后起降的相邻两航班之间的最低间隔要求；T 为一个时间间隔的长度；N_k 为滚动域 k 包含的时间间隔数；$N_{AC,k}$ 为预计起降时间在滚动域 k 内的航班数。其他变量定义如下。

$d_{i,k}$：表示 k 滚动域内航班 i 的时间滞后量。

E_{ir}：表示航班 i 起降 r 跑道的预计起降时间。

$E_{ir,k}$：表示 k 滚动域内航班 i 起降 r 跑道的预计起降时间。

S_{ir}：表示航班 i 分配在 r 跑道上的实际起降时间。

$S_{ir,k}$：表示 k 滚动域内航班 i 分配在 r 跑道上的实际起降时间。

$q_{n,k}$：表示 k 滚动域内优化后航班队列中的第 n 个航班。

D_k：表示在 k 滚动域内所有航班的时间总延误值。

目标函数是所有航班总延误时间最小，即

$$\min D_k = \min \sum_{i=1}^{N_{AC,k}} d_{i,k} \qquad (4.1)$$

约束条件如下：

$$kT < S_{q_{n^r,k}} \leqslant (k+1)T, \quad n = 1, \cdots, N_{AC,k} \qquad (4.2)$$

$$S_{jr} - S_{ir} \geqslant T_{qh}, \quad j > i \qquad (4.3)$$

$$|n - i| \leqslant \text{MPS}, \quad \text{如果 } q_n = i, \; i \in (1, N), n \in (1, N) \qquad (4.4)$$

$$y_{ir} \in \{0,1\}, \quad i = 1, \cdots, N \qquad (4.5)$$

$$\sum_{r=1}^{R} y_{ir} = 1, \quad i = 1, \cdots, N \qquad (4.6)$$

式（4.2）保证指定落地航班的分配到达时间处于当前优化时间间隔内；式（4.3）中航班 j 和 i 在同一跑道起降，要求航班起降时满足最低间隔要求；式（4.4）要求排序航班满足最大位置约束；式（4.5）、式（4.6）保证航班只能起降在一条跑道上。

4.3.2　基于滚动时域控制策略的遗传算法

1. 染色体编码方案

为了满足多跑道运行方案，本书采用二重结构编码[87-89]。假设排序队列中有 9 个航班，航班序号为 1、2、3、4、5、6、7、8、9，每个序号代表一个特定的航班号，产生一串（0，1）区间的随机数，如个体（0.23，0.11，0.34，0.56，0.54，0.87，0.66，0.69，0.74）。位置 i 代表航班序号 i，位置 i 的随机数表示航班 i 起降的顺序，这些随机数按升序排列，得到按照航班号 2-1-3-5-4-7-8-9-6 顺序进行起降。

个体染色体表示的二重结构由变量码和附加码两行组成。上行 X_b 为变量 Y_a 的附加码，$X_b = a$，下行为变量 Y_{X_b} 对应于附加码 X_b 的值。对某个个体编码时，首先按随机方式产生附加码（$X_b (b = 1, 2, \cdots, n)$），列于上行，然后随机产生下行的变量码值，这样就形成了一个个体的二重结构编码[90-93]，即可表达某架航班降落在某条跑道上的染色体编码。

2. 适应度函数

本书模型实际上是在满足一定约束条件下对所设计的目标函数进行最小化求解，因此需要针对性地进行转换，选择目标函数的倒数作为适应度函数。为避免优化过程中目标函数取值出现 0 的状态，每次计算时对目标函数加一个相对很小的数 $\acute{\varepsilon}$ [94, 95]。因此适应度函数为

$$f(x) = \frac{1}{D_k + \acute{\varepsilon}} \qquad (4.7)$$

3. 遗传算子

（1）启发式交叉法。根据染色体编码原则设计了一种启发式交叉算子：对交叉的个体 P_1、P_2 随机产生一个交叉的断点位 m，将 P_1 中第 m 位到第 N 位基因复制到 P_2 后面，然后删除 P_2 中与复制基因相同的基因位生成 C_2，同理将 P_2 中第 m 位到第 N 位基因复制到 P_1 后面，然后删除 P_1 中与复制基因相同的基因位生成 C_1，在交叉过程中基因位对应的变量码不变。最后对比 P_1、P_2、C_1、C_2 的适应度，选择适应度高的两个个体作为交叉的后代。

（2）启发式变异。本书采用启发式变异方法，利用邻域技术获得后代的改进[96-98]。对于每一个染色体按它的邻域交换不多于 n 位基因，基因位对应的变量码保持不变，可获得一族染色体，选择其中最好的一个作为变异产生的后代。

4. 算法步骤

具体算法步骤如下[99, 100]。

步骤 1 读取第 k 个滚动时域上需要排序的航班，若 $k = 0$，读取 E_{ir} 在该时域上的航班；若 $k > 0$，读取上一时域未冻结的航班以及 E_{ir} 在 k 时域最后一个时间间隔上的航班。

步骤 2 种群初始化。

步骤 3 计算染色体对应航班队列的目标函数，根据染色体确定的序列按间隔要求和 E_{ir} 计算 S_{ir}。首次优化时根据航班分配跑道分别得出航班在各自跑道上的策略实施时间，并记录在冻结区内每条跑道上最后一架航班的起降时间。次轮优化时根据前次的记录与本轮随机产生的序列进行跑道匹配，找到对应的上轮最后一架航班后加上安全间隔，与 E_{ir} 比较后得出 S_{ir}。不满足最大位置约束的航班延迟时间加 10000s，计算目标函数值。

步骤 4 根据目标函数计算适应度函数。

步骤 5 找到种群中最优个体赋值给目前最优个体。

步骤 6 判断进化代数是否满足小于最大代数的条件。若满足，代数加一并按

顺序执行，否则转到步骤 13。

步骤 7 轮盘赌选择。

步骤 8 按交叉概率进行染色体交叉操作。

步骤 9 按变异概率进行染色体变异操作。

步骤 10 执行步骤 3～5。

步骤 11 评估遗传效果，若当代最优个体优于目前最优个体，将其赋给目前最优个体。

步骤 12 输出这代种群的平均函数值、最优函数值。

步骤 13 按目前最优个体重新计算航班排序后队列、S_{ir} 及延误时间等信息。

步骤 14 当滚动时域到达设定的优化结束时间时算法结束，执行步骤 15。否则 k++ 转到步骤 1。

步骤 15 输出整个时段排序后的航班队列及相应的 S_{ir}。

4.3.3　仿真验证

采用广州白云国际机场某时段 30 架连续航班数据，对所提模型及其实现算法进行仿真验证。具体参数如下：种群大小为每次进入 k 时域参与计算架次的 20 倍；交叉率 P_c 为 0.6；变异率 P_m 为 0.06；执行次数为每次进入 k 时域参与计算架次的 30 倍[101-103]；最大位置约束为 3；跑道数 R 为 2，跑道分别为 R_0 和 R_1。考虑此方法排序主要解决拥挤时段的排序问题，根据起降间隔标准，限定 $N_k = 2$，$T = 300\ \mathrm{s}$ 以保证参与航班的排序量同时降低算法复杂度。

仿真试验以延误总时间最小为优化目标，分别给出了航班在正常运行条件下（表 4.2）和航班 8、11 分别因航空公司与流控原因延误情况下（表 4.3）的优化调度方案。E_0 表示航班在 02 号跑道的预计起降时间；E_1 表示航班在 20 号跑道的预计起降时间；S 表示航班最后实际起降时间；T_D 表示单个航班的延误值；以上变量单位均为秒。

航班正常运行条件下，对 30 架航班采用 RHC_GA 算法时总延误时间缩短了 632s，约减小了 37% 的延误时间。在航班延误条件下，RHC_GA 算法的总延误时间缩短了 689s，约减小了 41.5% 的延误时间。由此可以看出 RHC_GA 算法对航班的延误优化有明显效果。与正常情况下相比，出现航班延误时，FCFS 算法缩短了 54s，RHC_GA 算法则缩短了 111s，因此 RHC_GA 算法能根据航班动态信息生成更有效的排序策略，从而更高效地使用跑道，提高了机场进离场率。

然而，由于多跑道航班起降优化调度问题会随着跑道数量的增加而更为复杂，且人为因素的影响也会加深，因此，下面将结合优化策略对管制员工作负荷的增量因素，进一步改进算法，提出更完善的优化方案以更贴近实际管制运行需求。

表 4.2 正常运行条件下 FCFS 与 RHC_GA 优化结果比较

航班序号	机型	E_0	E_1	FCFS			RHC_GA		
				S	R	T_D	S	R	T_D
1	1	54	64	54	0	0	54	0	0
2	4	108	98	98	1	0	98	1	0
3	2	126	106	144	0	18	144	0	18
4	3	148	168	188	1	20	254	1	86
5	4	185	164	234	0	49	164	1	0
6	1	223	206	248	1	42	223	0	0
7	3	260	282	324	0	64	314	1	32
8	5	312	334	338	1	4	313	0	1
9	1	352	335	384	0	32	374	1	39
10	2	410	432	432	1	0	410	0	0
11	5	458	488	474	0	16	488	1	0
12	3	510	520	522	1	2	510	0	0
13	2	590	580	590	0	0	590	0	0
14	1	618	630	630	1	0	650	0	32
15	6	640	635	680	0	40	635	1	0
16	2	688	700	720	1	20	740	0	52
17	3	712	720	770	0	58	725	1	5
18	1	734	754	780	1	26	845	1	91
19	2	765	780	830	0	65	785	1	5
20	6	812	800	870	1	70	830	0	18
21	3	842	828	920	0	78	920	0	78
22	1	882	870	960	1	90	905	1	35
23	4	912	902	1010	0	98	995	1	93
24	2	965	930	1050	1	120	980	0	15
25	2	1000	990	1100	0	100	1070	0	70
26	3	1013	1025	1140	1	115	1145	1	120
27	4	1035	1045	1190	0	155	1055	1	10
28	2	1078	1092	1200	1	108	1265	1	173
29	3	1123	1105	1280	0	157	1205	1	100
30	2	1153	1125	1290	1	165	1160	0	7
总延误时间/s				1712			1080		

表 4.3　延误条件下 FCFS 与 RHC_GA 排序结果比较

航班序号	机型	E_0	E_1	FCFS			RHC_GA		
				S	R	T_D	S	R	T_D
1	1	54	64	54	0	0	54	0	0
2	4	108	98	98	1	0	98	1	0
3	2	126	106	144	0	18	144	0	18
4	3	148	168	188	1	20	254	1	86
5	4	185	164	234	0	49	164	1	0
6	1	223	206	248	1	42	223	0	0
7	3	260	282	324	0	64	314	1	32
8	5	312	334	流控延误	—	—	流控延误	—	—
9	1	352	335	335	1	0	352	0	0
10	2	410	432	410	0	0	432	1	0
11	5	458	488	流控延误	—	—	流控延误	—	—
12	3	510	520	520	1	0	510	0	0
13	2	590	580	590	0	0	590	0	0
14	1	618	630	630	1	0	650	0	32
15	6	640	635	680	0	40	635	1	0
16	2	688	700	720	1	20	740	0	52
17	3	712	720	770	0	58	725	1	5
18	1	734	754	780	1	26	845	1	91
19	2	765	780	830	0	65	785	1	5
20	6	812	800	870	1	70	830	0	18
21	3	842	828	920	0	78	920	0	78
22	1	882	870	960	1	90	905	1	35
23	4	912	902	1010	0	98	995	1	93
24	2	965	930	1050	1	120	980	0	15
25	2	1000	990	1100	0	100	1145	1	155
26	3	1013	1025	1140	1	115	1070	0	57
27	4	1035	1045	1190	0	155	1055	1	10
28	2	1078	1092	1200	1	108	1235	1	143
29	3	1123	1105	1280	0	157	1130	0	7
30	2	1153	1125	1290	1	165	1190	0	37
总延误时间/s				1658			969		

4.4　多跑道起降多目标动态优化调度方法

本节研究大型机场多跑道进离场综合优化调度问题，以管制负荷、航班延误总成本最小为多目标，考虑管制运行条件和安全要求等因素，建立基于滚动时域控制（RHC）策略的多跑道进离场航班多目标优化调度模型；并针对多跑道航班优化调度问题求解规模庞大的特点，设计 RHC-GA 算法对多目标模型求解验证。

4.4.1　基于 RHC 策略的航班动态排序模型

1. 符号说明

模型部分参数及其符号意义定义如下：F 为所有航班集合，$i \in F$，$|F| = n$；R 为跑道集合，$r \in R$；T_{qh} 表示前机机型为 q，后机机型为 h 时最小尾流间隔；T 为一个时间间隔的长度；N_k 为滚动域 k 包含的时间间隔数；$N_{AC.k.r}$ 为跑道 r 上预计起降时间在 k 滚动域内的航班数；$E_{i.k.r}$ 表示 k 滚动域内航班 i 在跑道 r 的最早起降时间；$L_{i.k.r}$ 表示 k 滚动域内航班 i 在跑道 r 的最晚起降时间；$T_{i.k.r}$ 表示 k 滚动域内航班 i 在跑道 r 的目标起降时间；$t_{i.k.r}$ 表示 k 滚动域内航班 i 在跑道 r 的实际起降时间；$x_{i.k.r}$ 表示 k 滚动域内航班 i 在跑道 r 延误状态的 0-1 变量；$y_{i.r}$ 表示航班 i 在跑道 r 起降的 0-1 变量；$q_{n.k}$ 表示时域优化后的航班队列中的第 n 个航班；C_k 表示在 k 时域所有航班的延误成本，C 表示总延误成本。

2. 目标与约束

假设航班初始起降跑道、起降序列以及预计起降时间已知，在满足基本约束的条件下，实施航班优化调度，使管制负荷和航班总延误成本最小。

（1）大负荷的工作容易造成管制员的疲劳，降低管制工作的安全性。管制负荷优化目标通过最小化航班调整的架次实现，航班在队列中位置和速度的调整将直接增加管制员的工作量[104]。

$$\text{Min} \sum_{i \in F} x_{i.k.r}$$

$$x_{i.k.r} = \begin{cases} 1, & t_{i.k.r} \neq T_{i.k.r} \\ 0, & t_{i.k.r} = T_{i.k.r} \end{cases} \qquad (4.8)$$

（2）航班总延误成本即所有进离场航班的延误成本的总和。航班以目标时间起降的成本最低，早于或迟于目标时间都意味成本增加（非目标时间起降均称为延误）。总延误成本实际上是时间的分段式超线性缓慢增长的幂函数[105, 106]，本书为了研究方便，假设航班起降成本一样，则航班 i 在 k 滚动域在跑道 r 上 $t_{i.k.r}$ 时刻

起降的延误成本 $C_i(t_{i.k.r})$ 可表示为

$$C_i(t_{i.k.r}) = \begin{cases} c_i^e(T_{i.k.r} - t_{i.k.r})^{1+\varepsilon^e}, & E_{i.k.r} \leqslant t_{i.k.r} \leqslant T_{i.k.r} \\ c_i^l(t_{i.k.r} - T_{i.k.r})^{1+\varepsilon^l}, & T_{i.k.r} \leqslant t_{i.k.r} \leqslant L_{i.k.r} \end{cases} \tag{4.9}$$

式中，c_i^e 是航班 i 早于目标起降时间起降的单位时间成本；c_i^l 是航班 i 晚于目标起降时间起降的单位时间成本，通常由单位时间飞行成本或滑行成本和旅客单位时间延误经济损失确定。为防止较大延误施加给部分航班，一般要求 $0 < \varepsilon^e = \varepsilon^l < 1$。最小化总延误成本的目标函数为

$$\text{Min} \sum_{i \in F, r \in R} C_i(t_{i.k.r}) \tag{4.10}$$

（3）最大位置约束是指为优化后航班序列中某架航班与先到先服务序列中位置的最大变化区间，为了确保优化结果的真实有效，通常对不满足最大位置约束值的航班优化序列进行延迟惩罚。

$$|n - i| \leqslant \text{MPS}, \quad \text{如果} \ q_n = i, \ i \in (1, N), n \in (1, N) \tag{4.11}$$

3. 基于 RHC 策略的航班动态排序模型

航班动态排序模型是一个离散事件模型，航班队列随着时间推移离散性变化。已有模型一般以新航班加入排序队列为触发事件进行建模，但进离场航班加入队列的时间是一定范围内的随机值，因此队列的更新并无较好的规律性。本书引入新的动态排序算法，即 RHC 排序算法，将排序时间固定在某一时域内并不断更新时域以实现航班调度的动态性。在 RHC 策略下，目标优化时段被划分成由 n 个时间间隔 T 组成的滚动时域。以所有航班的总延误成本最小为目标，在 RHC 策略下式（4.10）可表示为

$$\min C = \min \sum_{k=1}^{N_k} C_k = \min \sum_{k=1}^{N_k} \sum_{i=1}^{N_{AC,k}} C_i(t_{i.k.r}) \tag{4.12}$$

约束条件如下：

$$kT < t_{q_n.k.r} \leqslant (k+1)T, \quad n = 1, \cdots, N_{AC,k} \tag{4.13}$$

$$t_{j.k.r} - t_{i.k.r} \geqslant T_{qh}, \quad \text{其中，} i \ \text{为前机，} j \ \text{为后机} \tag{4.14}$$

$$y_{i.r} \in \{0,1\} \tag{4.15}$$

$$\sum_{r=1}^{R} y_{i.r} = 1 \tag{4.16}$$

式中，约束条件（4.13）保证被优化航班的进离场时间在当前优化时间间隔内；约束条件（4.14）中航班 j 和 i 起降时满足最小尾流间隔；约束条件（4.15）、约束条件（4.16）保证每一个航班只能降落在一条跑道上。

综上所述，基于 RHC 策略的多跑道进离场航班调度多目标优化数学模型可表述为

$$\begin{cases} \text{Min} \left\{ \sum_{k=1}^{N_k} \sum_{i=1}^{N_{AC,k}} C_i(t_{i.k.r}), \sum_{k=1}^{N_k} \sum_{i=1}^{N_{AC,k}} x_{i.k.r} \right\} \\ \text{s.t.} \\ |n-i| \leqslant \text{MPS}, \quad \text{如果} q_n = i, \ i \in (1,N), n \in (1,N) \\ kT < S_{q_n.k.r} \leqslant (k+1)T, \quad n = 1, \cdots, N_{AC,k} \\ s_{j.k.r} - s_{i.k.r} \geqslant T_{qh}, \quad j \text{为前机}, i \text{为后机} \\ C_i(t_{i.k.r}) = \begin{cases} c_i^e (T_{i.k.r} - t_{i.k.r})^{1+\varepsilon^e}, & E_{i.k.r} \leqslant t_{i.k.r} \leqslant T_{i.k.r} \\ c_i^l (t_{i.k.r} - T_{i.k.r})^{1+\varepsilon^l}, & T_{i.k.r} \leqslant t_{i.k.r} \leqslant L_{i.k.r} \end{cases} \\ x_{i.k.r} = \begin{cases} 1, & t_{i.k.r} \neq T_{i.k.r} \\ 0, & t_{i.k.r} = T_{i.k.r} \end{cases} \\ y_{i.r} = \begin{cases} 1, & \text{航班} i \text{在跑道} r \text{起降} \\ 0, & \text{否则} \end{cases} \end{cases} \quad (4.17)$$

4.4.2 基于 RHC 策略的遗传算法

1. 遗传算子

（1）轮盘赌选择。本书选取轮盘赌选择的方法对种群进行选择操作，具有较高适应度值的个体将以较大的概率被选择，反之将以较大的概率被淘汰。假设某染色体的适应度值为 f_i，则其被选择的概率为 $P_i = f_i / \sum_{i=1}^{n} f_i$。本书在选择操作时保留精英个体，有利于加快进化过程的收敛性。

（2）基于同跑道排序启发式交叉。在启发式交叉操作时，针对同跑道的染色体个体进行序列交叉。在个体 P_1、P_2 具有相同跑道基因的基因位中随机产生一个交叉点 C，将交叉点后面的具有相同跑道基因的基因交叉复制并删除相同基因位得到新的个体 M_1、M_2，将 P_1、P_2、M_1、M_2 中适应度值最高的两个作为交叉得到的后代。

（3）跑道启发式变异。选择染色体具有相同 $T_{i.k}$ 的航班进行跑道变异操作，通过判断不同跑道的具有相同航班架次、延误大小以及进离场性质，确定跑道变异的航班和队列次序，其他保持不变，选择其中最好的一个作为变异产生的后代。

2. 适应度函数

适应度函数的设计主要基于目标函数，因此适应度值的大小能直接反映目标函数的优化程度，本书采用基于目标优劣表现的排序方法确定个体适应度[107, 108]。将种群个体按所有目标函数的优劣排序，以该次序计算综合适应度，综合适应度高的个体的优化结果更加优良。

个体的适应度计算如下：

$$F_i(X_j) = \begin{cases} (N - R_i(X_j))^2, R_i(X_j) > 1 \\ \alpha N^2, \quad R_i(X_j) = 1 \end{cases} \quad i = 1, 2, \cdots, n$$

（4.18）

$$F(X_j) = \sum_{i=1}^{n} F_i(X_j), \quad j = 1, 2, \cdots, N$$

式中，n 为目标函数个数；N 为种群规模；X_j 为种群的第 j 个个体；$R_i(X_j)$ 为按目标 i 优劣排序后个体 j 的序号；$F_i(X_j)$ 表示个体 X_j 在目标 i 下的适应度；$F(X_j)$ 为个体 X_j 对所有目标的综合适应度，α 为（1，2）区间的某个常数，使较优较高的个体获得更高的适应度值。因此，总体表现较优的个体适应度较大，参与进化的概率也较大。

3. 算法流程

图 4.2 为 RHC-GA 算法流程图。

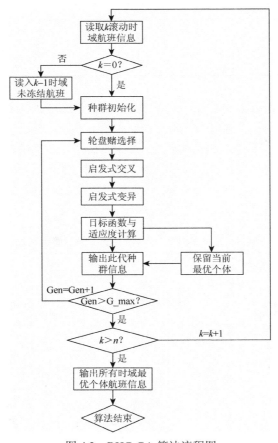

图 4.2 RHC-GA 算法流程图

4.4.3　仿真验证

1. 仿真计算

选取我国某大型繁忙机场高峰小时 9：00～10：00（起始时间换算为 0，即 0～3600）的 48 个航班作为研究对象，种群规模为 20，选择、交叉、变异的概率依次为 0.1、0.05、0.01，迭代次数为 200；将时域划分为 4 段，即 $N_k=4$，最大位置约束 MPS $=3$，系数参数 $\varepsilon^l = \varepsilon^e = 0.5$，参考文献[104]设置重中轻三种机型的单位飞行成本为 25 元/s、16 元/s、10 元/s，可使用跑道 2 条。本书基于 Java 仿真平台对模型进行了仿真计算，解算了 FCFS 策略和 RHC-GA 算法下的调度结果，见表 4.4。

表 4.4　多目标优化非劣可行解集

方案	延误损失		管制负荷	
	总计/元	损失变化/%	总计	负荷变化/%
FCFS	36098.80	\	32	−33.3
RHC-GA-1	28900.02	−20	31	−35.4
RHC-GA-2	27375.15	−24	32	−33.3
RHC-GA-3	27194.34	−25	33	−31.3

以 FCFS 的延误损失为基准，三种 RHC-GA 方案的延误损失依次减少 20%、24%、25%；以满负荷 48 为基准，管制负荷依次减少 35.4%、33.3%、31.3%。从三组数据可以看出，延误损失减少越大，其管制负荷存在增加的趋势。详细求解结果见表 4.5，其中 E-T 表示预计起降时间；R 表示预计起降跑道编号；AD 表示航班进离港性质，A 表示进港，D 表示离港；AC 表示航空器机型，L 表示中型机、H 表示重型机；Time 为实际起降时间；Cost 表示延误成本；WL 表示管制工作负荷。

表 4.5　方案 FCFS 与 RHC-GA-3 仿真结果对比

	航班信息					FCFS				RHC-GA-3			
	航班号	预计起降时间/s	预计起降跑道编号	航班进离港性质	航空器机型	实际起降时间/s	预计起降跑道编号	延误成本/元	管制工作负荷	实际起降时间/s	预计起降跑道编号	延误成本/元	管制工作负荷
1	MU5351	0	1	D	L	0	1	0	0	0	1	0	0
2	MU5104	0	1	D	L	120	1	210.3	1	120	1	210.3	1
3	CA4856	0	2	D	H	0	2	0	0	0	2	0	0
4	SC4856	0	2	A	L	115	2	197.3	1	115	2	197.3	1
5	CZ3682	300	1	A	L	300	1	0	0	300	1	0	0
6	CA1649	300	2	A	L	300	2	0	0	300	2	0	0
7	HU7632	600	1	D	L	830	2	558.1	1	715	1	197.3	1
8	CA4651	600	1	A	L	600	1	0	0	600	1	0	0
9	SC4651	600	1	A	L	690	1	136.6	1	805	2	469.6	1

续表

	航班信息					FCFS				RHC-GA-3			
	航班号	预计起降时间/s	预计起降跑道编号	航班进离港性质	航空器机型	实际起降时间/s	预计起降跑道编号	延误成本/元	管制工作负荷	实际起降时间/s	预计起降跑道编号	延误成本/元	管制工作负荷
10	CZ6201	600	2	D	H	600	2	0	0	600	2	0	0
11	MU2801	600	2	A	L	715	2	197.3	1	715	2	197.3	1
12	CA1138	900	1	D	L	900	1	0	0	900	1	0	0
13	CZ3905	900	1	D	L	1020	1	210.3	1	1020	1	210.3	1
14	MF8129	900	2	D	L	950	2	56.5	1	920	2	14.3	1
15	CZ6125	1800	1	A	L	1800	1	0	0	1800	1	0	0
16	CA1654	1800	2	A	L	1800	2	0	0	1800	2	0	0
17	CZ6101	2100	1	D	L	2100	1	0	0	2100	1	0	0
18	HU7506	2100	1	A	L	2215	1	197.3	1	2215	1	197.3	1
19	CA1951	2100	2	D	L	2100	2	0	0	2100	2	0	0
20	CZ3115	2100	2	D	L	2220	2	210.3	1	2220	2	210.3	1
21	CA4113	2400	1	D	L	2400	1	0	0	2400	1	0	0
22	CA4112	2400	1	A	L	2515	1	197.3	1	2515	1	197.3	1
23	CA1651	2400	2	D	L	2400	2	0	0	2400	2	0	0
24	SC4652	2400	2	D	L	2520	2	210.3	1	2520	2	210.3	1
25	CA4652	2400	2	A	L	2605	2	469.6	1	2605	1	469.6	1
26	MU5292	2700	1	D	L	2995	1	810.7	1	3115	2	1352.6	1
27	CA1120	2700	1	D	L	3320	2	2470	1	2995	2	810.7	1
28	UA4476	2700	1	A	L	3205	1	1815.7	1	2700	1	0	0
29	MU5252	2700	1	A	L	2700	1	0	0	2880	2	386.4	1
30	CX6111	2700	1	A	L	2790	1	136.6	1	2790	1	136.6	1
31	HU7305	2700	2	D	L	2815	2	197.3	1	2995	1	810.7	1
32	CA1701	2700	2	A	L	2880	1	386.4	1	2700	1	0	0
33	UA4404	2700	2	A	L	2700	2	0	0	2790	2	136.6	1
34	HU7397	2700	2	A	L	3115	2	1352.7	1	2880	2	386.4	1
35	AA1111	3000	1	D	L	3000	2	0	0	3235	1	576.4	1
36	CZ6143	3000	1	D	L	3115	1	197.3	1	3115	1	197.3	1
37	CA1152	3000	1	A	L	3230	1	558.1	1	3350	1	1047.7	1
38	SC1152	3000	1	A	L	3320	1	915.9	1	3440	1	1476.7	1
39	HU7215	3000	1	A	L	3410	1	1328.3	1	3530	1	1952.2	1
40	MU2451	3000	2	D	L	3440	2	1476.7	1	3645	2	2621.0	1
41	CZ3117	3000	2	D	L	3560	2	2120.3	1	3525	2	1924.7	1
42	3U8829	3000	2	A	L	3675	2	2806.0	1	3230	2	558.1	1
43	3U8881	3000	2	A	L	3765	2	3385.4	1	3320	2	915.9	1
44	MU2411	3000	2	A	L	3855	2	4000.0	1	3410	2	1328.3	1
45	HU7504	3300	1	A	L	3500	1	452.5	1	3620	1	915.9	1
46	MU2121	3300	1	A	H	3590	1	1234.6	1	3710	1	2075.5	1
47	MU5101	3300	2	A	L	3945	2	4981.6	1	3760	2	1578.5	1
48	MU2123	3300	2	A	H	4035	2	2621.0	1	3850	2	3224.6	1
	总延误成本/元					36098.80				27194.34			
	总延误时间/s					9975				8570			

2. 结果分析

基于表 4.5 数据，图 4.3 为不同方案下延误损失和管制负荷的对比情况。在 FCFS 策略下，延误损失最大，管制负荷较高；RHC-GA 策略下延误损失依次减小，管制负荷依次增大，可根据决策者偏好选取最佳方案。图 4.4 表示 FCFS 与 RHC-GA 策略下各航班延误损失曲线。在 FCFS 策略下，优先到达的航班延误损失较小，随着航班不断到达，其延误损失增大较快，其中航班 MU2411 延误损失 4000 元，MU5101 延误损失达到 4981.6 元，延误损失情况严重。在 RHC-GA 策略下，优先到达的航班延误损失较小，后续到达航班延误波动较 FCFS 策略小，且最大延误损失为 3224 元，减少了 35.2%，优化效果明显。

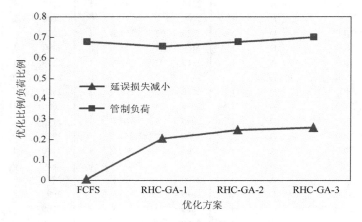

图 4.3　不同方案优化对比图

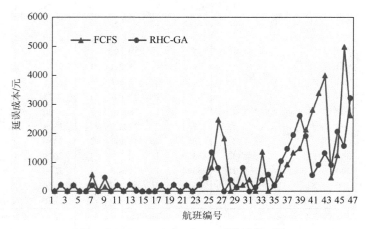

图 4.4　RHC-GA 与 FCFS 延误成本对比

图 4.5 为不同策略下平均调度时刻分布图。RHC-GA 曲线基本处于计划调度时刻曲线和 FCFS 调度时刻曲线之间，表明 RHC-GA 策略较 FCFS 策略更优；从三条曲线发散分布的趋势可以看出，由于航班计划排班密度较大，前续航班的延误会不断地传播给后续航班，高密度航班计划几乎无法吸收其中的延误。

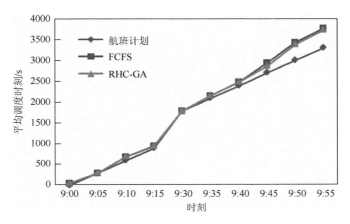

图 4.5　平均调度时刻对比

图 4.6 为跑道 R1 和跑道 R2 的延误损失、管制负荷对比。采用 RHC-GA 策略优化后，跑道 R1 的延误成本略微增加，跑道 R2 的延误成本大大减小，两条跑道延误成本更加平衡，延误成本比由 0.3∶1 变为 0.6∶1；跑道 R1 的管制负荷减小 1 单位，跑道 R2 管制负荷增加 2 单位，负荷变化较小。

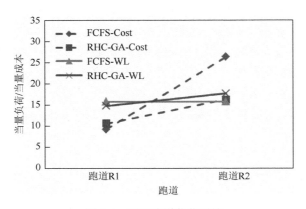

图 4.6　不同跑道优化对比

从航班进离场角度分析，图 4.7 为进离场航班延误时间分布，其中进场航班 27 架次，离场航班 21 架次。由图可知，进场航班的延误时间比较均衡，避免了部分航班较长时间的延误，进场总体延误时间较 FCFS 较少 23%；离场航班的延误时间存在波动，主要是进场航班与离场航班时隙交换导致延误传播到离场，但离场总体延误时间只增加 8%；同时，所有航班的延误时间较 FCFS 减少了 24%，进离场航班延误时间由 2.4：1 变为 1.7：1。

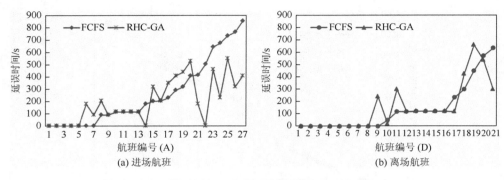

(a) 进场航班　　　　　　　　　　(b) 离场航班

图 4.7　进离场航班延误时间分布

综上分析表明，RHC-GA 策略能在一定程度上均衡跑道、进场与离场延误时间、部分航班的延误成本和管制负荷，从而使航班调度达到最优。

4.5　本　章　小　结

本章以多跑道机场起降航班为对象，采用滚动时域控制策略分别研究了多跑道航班起降单目标和多目标优化调度问题，可以安全、高效地为中国典型繁忙机场多跑道运行条件下的航班实施动态排序，在降低航班延误和管制员工作负荷的同时均衡跑道使用与进离场延误；引入的 RHC 策略通过时域控制有助于管制员根据扇区和场面工作量协同配合完成航班的动态优化排序，同时可满足管制单位根据自身运行规范设置的起降间隔和管制员调配的时间需求，可适用于不同地区的决策者对航班动态、灵活管理的要求，从而有利于提升机场终端区系统运行能力。

第5章　复杂机场航班起降协同调度研究

5.1　概　　述

机场协同决策理念旨在通过在空管、航空公司和机场之间共享交通运行信息，建立共同的情景意识，从而协商确定航班起飞时刻与推出时刻，缓解机场交通拥堵问题，减少尾气排放和噪声污染。2012 年民航局适时部署全国机场 CDM 建设，缓解"关舱门后旅客长时间等待问题"。机场 CDM 的技术核心在于跑道时隙（供给）和推出时隙（需求）的平衡控制，概念核心在于开放竞争的环境，以及空管、机场和航空公司多主体信息共享与决策协同。

当前进离场起降航班调度方法普遍存在的问题之一即缺乏协同性，优化目标仅针对空管、航空公司或者机场单体，忽略了三者之间的交互性，或者航空公司内部个体的协同性，造成优化结果实用性差、公平性不足的问题。为此，本章将基于前面优化调度算法提出新的协同优化调度方法，以期实现调度结果的高效性、实用性、公平性。

5.2　基于开放网络的起降流量协同调配方法

开放式机场有向网络系统是指由多个机场构成的具有交通流向的开放式的机场网络系统，该系统不仅考虑机场之间的航班联系，而且考虑机场内航班之间的周转关系，它们构成了网络系统内的交通流向，如图 5.1 所示。其中机场是由五个节点（A、B、C、D、E）构成的模型表示[109]：通常情况下，在某机场中，来自其他机场的进场航班流汇入 A 节点，然后一部分进入 B 节点结束航程，另一部分具有连续航程的航班经 C 节点周转后，再与 E 节点新加入的航班组成离场航班流，飞向其他机场。C、D 节点处的自环弧分别表示周转和延误。

开放式机场网络系统流量由各机场流量汇聚而成，机场流量包括进场流量和离场流量。网络系统容量主要体现在各机场容量上，包括进场容量和离场容量。由于机场进场和离场是互相影响与制约的两个过程，机场容量也随机场天气的变化而显著变化，甚至与飞机类别、组合比例、起降顺序都直接相关，研究表明机

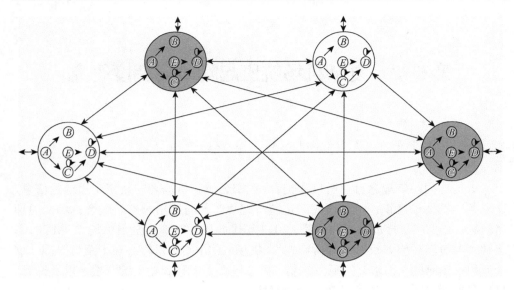

图 5.1　开放式机场有向网络系统图

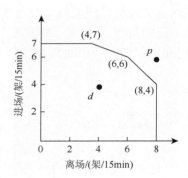

图 5.2　机场容量曲线

场进场和离场容量一般表现为如图 5.2 所示的机场容量曲线（纵横坐标轴表示每 15min 内的进场和离场的航班架次），且在不同的天气状况下具有不同的形式[109]。当交通需求超过容量限制时（图 5.2 中 p 点所示的交通需求），航班延误不可避免，为降低航班延误，应在容量曲线上或内寻求 Pareto 最优的容量配置点或流量分配点，以最优分配流量、充分利用容量。因此在开放式机场网络系统内，如果某机场容量受限发生拥挤（图 5.1 中"灰色"机场），则系统内其他机场也会受到影响，相关航班会受到延误。

5.2.1　问题描述

开放式多机场网络用户均衡配流问题可描述为：已知给定时间内开放式网络系统各机场的交通需求和容量供给，当某些机场容量受限造成系统发生拥挤时，如何在给定需求与既定容量下重新合理调配需求、充分配置容量，尽量地降低航班延误的同时公平兼顾航空用户的利益。建模思路是把该时间区间划分为若干时段，按照航空用户延误均摊原则为容量受限机场的航班配置最佳的进/离场时段，以重新调配交通需求，从而使该机场各时段的流量与容量协调匹配。

建模需要四点假设：①在给定时间区间内，网络系统内容量受限机场不同天气状况下的容量曲线已知；②在给定时间区间内无法分配的交通需求，都可在区间外的下一时段实现，即假设该时段的容量无限，即确保所研究问题具有可行解；③给定时间区间内，网络系统内其他机场的容量无限；④所有航班不能提前起飞或到达，也不能被无限期地延误，在实际应用中也是合理的[110]。

5.2.2　开放机场网络模型

1. 符号定义

T：预配流的时间区间，由若干个连续时段 t 组成，时段 t 长短为 Δ（一般取值为 15min），$T=\{t_1,t_2,\cdots,t_i,\cdots,t_N\}$；定义 t_{N+1} 为区间外的下一个时段，其容量无限。

A：T 区间涉及的航空公司集合，$a\in A$。

I：开放式多机场网络系统中容量受限的机场集合，$i\in I$。

F：在网络系统内的机场 i 起飞、机场 j 降落的航班集合，$i,j\in I$，$f\in F$。

F_i：在容量受限机场 i 起降的所有航班集合，$i\in I$，$F_i\subset F$。F_i 由起飞航班集合 Dep_i 和降落航班集合 Arr_i 组成，$F_i=\mathrm{Dep}_i\bigcup\mathrm{Arr}_i$。其中：$\mathrm{Dep}_i=\mathrm{Dep}_i^{\mathrm{ext}}\bigcup\mathrm{Dep}_i^{\mathrm{int}}$，$\mathrm{Dep}_i^{\mathrm{ext}}$ 为在容量受限机场 i 起飞在非容量受限机场降落的航班集合，$\mathrm{Dep}_i^{\mathrm{int}}$ 为在容量受限机场 i 起飞在容量受限机场 j 降落的航班集合；$\mathrm{Arr}_i=\mathrm{Arr}_i^{\mathrm{ext}}\bigcup\mathrm{Arr}_i^{\mathrm{int}}$，$\mathrm{Arr}_i$ 为在非容量受限机场起飞在容量受限机场 i 降落的航班集合，$\mathrm{Arr}_i^{\mathrm{int}}$ 为在容量受限机场 j 起飞在容量受限机场 i 降落的航班集合。

F_a：航空公司 a 的航班集合，$F_a=\{f\in F\mid O(f)=a\}$，$F_a\subseteq F$，$O:F\to A$ 表示航班与航空公司的匹配关系，$F_a=\bigcup\limits_{i\in I}F_{i,a}$。$F_{i,a}$ 为在容量受限机场 i 起降的航空公司 a 的航班集合，$F_{i,a}=\mathrm{Dep}_{i,a}^{\mathrm{ext}}\bigcup\mathrm{Dep}_{i,a}^{\mathrm{int}}\bigcup\mathrm{Arr}_{i,a}^{\mathrm{ext}}\bigcup\mathrm{Arr}_{i,a}^{\mathrm{int}}$，其中 $\mathrm{Dep}_{i,a}^{\mathrm{ext}}$ 为在容量受限机场 i 起飞在非容量受限机场降落的航空公司 a 的航班集合，$\mathrm{Dep}_{i,a}^{\mathrm{int}}$ 为在容量受限机场 i 起飞在容量受限机场 j 降落的航空公司 a 的航班集合，$\mathrm{Arr}_{i,a}^{\mathrm{ext}}$ 为在非容量受限机场起飞在容量受限机场 i 降落的航空公司 a 的航班集合，$\mathrm{Arr}_{i,a}^{\mathrm{int}}$ 为在容量受限机场 j 起飞在容量受限机场 i 降落的航空公司 a 的航班集合。

X：在 I 内具有连续航程的航班对集合，$X=\{(f,f')\mid f,f'\in F\}$，$f$ 为前继航班，f' 为后续航班。

$\Delta t_{f,f'}$：单个容量受限机场中续航航班对 f 与 f' 之间的最小间隔时间，$(f,f')\in X$。

e_f：航班 f 计划的起飞或降落时间，e_f^d 为计划起飞时间，e_f^a 为计划降落时间。

T_f：航班 f 可能的起飞或降落时段集合，$T_f = \{t \in T \mid t \geqslant e_f\} \bigcup \{t_{N+1}\}$。

$\psi_t^i(u,v)$：t 时段机场 i 的进离场容量曲线，$t \in T$，$i \in I$。

U_t^i、V_t^i：t 时段机场 i 的最大进场和最大离场容量。

u_t^i：t 时段机场 i 分配的进场流量，$u_t^i = \sum\limits_{f \in \mathrm{Arr}_i} y_f(t)$，$i \in I$，$t \in T$。

v_t^i：t 时段机场 i 分配的离场流量，$v_t^i = \sum\limits_{f \in \mathrm{Dep}_i} x_f(t)$，$i \in I$，$t \in T$。

$$x_f(t) = \begin{cases} 1, & \text{航班 } f \text{ 在 } t \text{ 时段起飞} \\ 0, & \text{否则} \end{cases}, \quad y_f(t) = \begin{cases} 1, & \text{航班 } f \text{ 在 } t \text{ 时段降落} \\ 0, & \text{否则} \end{cases}$$

2. 数学模型

模型优化目标是最小化开放式网络系统中容量受限机场所有航班的总延误时间，包括在容量受限机场之间起降的航班的延误，在容量受限机场起飞在容量无限机场降落的航班的延误，以及在容量无限机场起飞在容量受限机场降落的航班的延误三部分。为了避免多机场网络系统中航班延误重复计算，容量受限机场之间起降的航班延误用起飞延误表示；在容量受限机场起飞在容量无限机场降落的航班延误用起飞延误表示，在容量无限机场起飞在容量受限机场降落的航班延误用降落延误表示，如式（5.1）所示[111]。

$$\min \sum_{i \in I} \left\{ \sum_{f \in \mathrm{Dep}_i^{\mathrm{int}}} \sum_{t \in T_f} (t - e_f^d) \cdot x_f(t) + \sum_{f \in \mathrm{Dep}_i^{\mathrm{ext}}} \sum_{t \in T_f} (t - e_f^d) \cdot x_f(t) + \sum_{f \in \mathrm{Arr}_i^{\mathrm{ext}}} \sum_{t \in T_f} (t - e_f^a) \cdot y_f(t) \right\} \quad (5.1)$$

进一步合并为

$$\min \sum_{i \in I} \left\{ \sum_{f \in \mathrm{Dep}_i} \sum_{t \in T_f} (t - e_f^d) \cdot x_f(t) + \sum_{f \in \mathrm{Arr}_i^{\mathrm{ext}}} \sum_{t \in T_f} (t - e_f^a) \cdot y_f(t) \right\} \quad (5.2)$$

约束条件如下。

（1）时段指派约束：用以确保每个航班在其起/降时段集合里有且仅有一个离场/进场时段。其中，式（5.3）为离场时段指派约束，式（5.4）为进场时段指派约束。

$$\sum_{t \in T_f} x_f(t) = 1, x_f(t) = \{0,1\}, \forall f \in \mathrm{Dep}_i, \forall i \in I \quad (5.3)$$

$$\sum_{t \in T_f} y_f(t) = 1, y_f(t) = \{0,1\}, \forall f \in \mathrm{Arr}_i, \forall i \in I \quad (5.4)$$

（2）容量受限约束：它们构成机场容量限制下的流量分配点域（容量曲线以内或上），在点域内寻求最优配流点，从而确保进离场流量与容量协调匹配，实质上是进场和离场间的权衡，其中 α_t^i、β_t^i 和 γ_t^i 为容量曲线 $\psi_t^i(u,v)$ 的系数；例如，在图 5.2 中，由 $0 \leqslant u_t \leqslant 7$，$0 \leqslant v_t \leqslant 8$，$u_t + v_t \leqslant 12$ 和 $2u_t + v_t \leqslant 18$ 构成流量分配点域。其中式（5.5）为容量最大约束；式（5.6）为容量权衡约束。

$$0 \leqslant u_t^i \leqslant U_t^i, 0 \leqslant v_t^i \leqslant V_t^i, \forall t \in T, \forall i \in I \tag{5.5}$$

$$\alpha_t^i \cdot u_t^i + \beta_t^i \cdot v_t^i \leqslant \gamma_t^i, \forall t \in T, \forall i \in I \tag{5.6}$$

（3）连续航程航班约束：用以确保每个续航航班对之间必须满足最小周转时间间隔。

$$t_f - t_{f'} \geqslant \Delta t_{f,f'}, \forall \ (f, \ f') \in X \tag{5.7}$$

（4）容量受限机场之间的航班空中飞行时间约束：用以满足优化前后这些航班的空中飞行时间不变。由于优化的目的是得到各时段的流量，所以为了确保模型有可行解，将约束表示成该式，但这些航班优化的降落时间、起飞时间和计划的空中飞行时间仍满足等量关系。

$$0 \leqslant (t_{f_i} - t_{f_j}) - (e_{f_i} - e_{f_j}) \leqslant \Delta; f_i \in \mathrm{Arr}_i, f_j \in \mathrm{Dep}_j; i, j \in I \tag{5.8}$$

（5）用户均衡约束条件：用以确保配流时使航班延误在各航空公司之间均衡分摊，以满足公平性要求[110]。本书通过采用反映公平性的基尼系数来量化均衡性从而建立约束条件。基尼系数反映了资源分配的不公平程度，其值在 0 和 1 之间，数值越低，表明分配越均等；反之越不均等。针对本书问题，基尼系数可表示成式（5.9），其实际意义是航空公司之间平均延误的偏差，G 值越小则损失偏差越小，说明分配越趋于均衡、公平。

$$G = \frac{\sum_{l=1}^{m-1} \sum_{l<k\leqslant m} |q_l C_k - q_k C_l|}{\sum_{a\in A} C_a} \tag{5.9}$$

式中，C_a 为航空公司 a 的延误损失，定义为式（5.10）。

$$C_a = \sum_{i\in I} \left\{ \sum_{f\in\mathrm{Dep}_{i,a}} \sum_{t\in T_f} (t - e_f^d) + \sum_{f\in\mathrm{Arr}_{i,a}^{\mathrm{ext}}} \sum_{t\in T_f} (t - e_f^a) \right\} \tag{5.10}$$

$$q_a = |F_a| / |F| \tag{5.11}$$

式中，q_a 为航空公司 a 的航班比重，即按航空公司的市场份额进行分配，而并非绝对平均主义分配，因此更趋合理。

然后规定 G 不超过某一较小的均衡约束参数值 δ，$0 \leqslant \delta \leqslant 1$，令 $G \leqslant \delta$，从而建立公平性约束：

$$\sum_{l=1}^{r-1} \sum_{l<k\leqslant r} |q_l C_k - q_k C_l| \leqslant \delta \sum_{a\in A} C_a \tag{5.12}$$

定义

$$d_{kl}^+ = (|q_l C_k - q_k C_l| + q_l C_k - q_k C_l)/2 \qquad (5.13)$$

$$d_{kl}^- = (|q_l C_k - q_k C_l| - q_l C_k + q_k C_l)/2 \qquad (5.14)$$

则有

$$d_{kl}^+ - d_{kl}^- = q_l C_k - q_k C_l, \quad l = 1, 2, \cdots, r-1, \quad l < k \leqslant r, \quad d_{kl}^+, d_{kl}^- \geqslant 0 \qquad (5.15)$$

则约束式（5.12）可化成线性形式：

$$\begin{cases} \displaystyle\sum_{l=1}^{r-1} \sum_{k>l} (d_{kl}^+ + d_{kl}^-) \leqslant \delta \sum_{a \in A} C_a \\ d_{kl}^+ - d_{kl}^- - q_l C_k + q_k C_l = 0, \quad l = 1, 2, \cdots, r-1, \quad l < k \leqslant r \end{cases} \qquad (5.16)$$

数学模型如式（5.17）所示。

$$\min \sum_{i \in I} \left\{ \sum_{f \in \mathrm{Dep}_i} \sum_{t \in T_f} (t - e_f^d) \cdot x_f(t) + \sum_{f \in \mathrm{Arr}_i^{\mathrm{ext}}} \sum_{t \in T_f} (t - e_f^a) \cdot y_f(t) \right\}$$

s.t.

$$\begin{cases} \displaystyle\sum_{t \in T_f} x_f(t) = 1, x_f(t) = \{0,1\}, \forall f \in \mathrm{Dep}_i, \forall i \in I \\ \displaystyle\sum_{t \in T_f} y_f(t) = 1, y_f(t) = \{0,1\}, \forall f \in \mathrm{Arr}_i, \forall i \in I \\ 0 \leqslant u_t^i \leqslant U_t^i, 0 \leqslant v_t^i \leqslant V_t^i, \forall t \in T, \forall i \in I \\ \alpha_t^i \cdot u_t^i + \beta_t^i \cdot v_t^i \leqslant \gamma_t^i, \forall t \in T, \forall i \in I \\ t_f - t_{f'} \geqslant \Delta t_{f,f'}, \forall (f, f') \in X \\ 0 \leqslant (t_{f_i} - t_{f_j}) - (e_{f_i} - e_{f_j}) \leqslant \Delta; f_i \in \mathrm{Arr}_i, f_j \in \mathrm{Dep}_j; i,j \in I \\ \displaystyle\sum_{l=1}^{r-1} \sum_{k>l} (d_{kl}^+ + d_{kl}^-) \leqslant \delta \sum_{a \in A} C_a \\ d_{kl}^+ - d_{kl}^- - q_l C_k + q_k C_l = 0, l = 1,2,\cdots,r-1, l < k \leqslant r \end{cases} \qquad (5.17)$$

5.2.3 用户均衡配流模型

用户均衡配流的实质是根据航空公司的航班比重在航空公司之间分摊总延误损失。均衡配流方案的优劣主要体现在产生的总延误损失（即功效性）及其在航空公司之间分配的公平性上。因此，评价标准主要包括功效性标准和公平性标准[110, 111]。

（1）功效性标准：尽量减小所有航班的总延误损失，总延误损失越小表示配流方案越好，反之方案越不可取。

（2）公平性标准：尽量在航空公司之间均衡分摊总延误损失。总体评价指标可用平均航班延误偏差即基尼系数取值表示，航空公司之间的延误偏差越小，延误分摊越均衡，反之越不均衡；对具体航空公司的公平性评价而言，采用功效公平度来定量评价。功效公平度定义为航空公司的总损失比重与其航班比重之比。根据按功效分配原则，航空公司有多少比重的航班就应该承担多少比重的损失，因此航空公司的功效公平度越接近 1 表示承担的损失比重与其航班比重越相当，即说明对该航空公司来说就越公平，反之越不公平。

航空公司 a 的功效公平度 e_a 表示为

$$e_a = \frac{C_a \Big/ \displaystyle\sum_{a \in A} C_a}{|F_a| \Big/ |F|} \tag{5.18}$$

5.2.4　仿真验证

1. 仿真实例分析

以北京首都国际机场、上海浦东国际机场和广州白云国际机场为容量受限机场构成开放式机场网络系统。采用这三大机场某天典型时间区间（8：00～12：00，$N = 16$，$\Delta = 15\text{min}$）内实际航班数据，各机场的初始交通需求分布如表 5.1 所示；三个机场设定的容量曲线以及各时段内的需求与容量的匹配情况如图 5.3 所示。显然可见，由于容量限制三大机场均有交通供需不平衡的时段，若干时段的进离场需求超出了容量限制（图中处于容量曲线之外的需求点），这种与供给不匹配的需求势必会造成航班延误。

表 5.1　优化前三大机场交通流量分布情况

时段	北京首都国际机场			上海浦东国际机场			广州白云国际机场		
	离场	进场	合计	离场	进场	合计	离场	进场	合计
8：00～8：14	15	0	15	12	0	12	16	1	17
8：15～8：29	16	1	17	17	0	17	12	3	15
8：30～8：44	16	3	19	14	6	20	9	1	10
8：45～8：59	15	10	25	14	4	18	8	5	13
9：00～9：14	7	3	10	26	3	29	11	3	14
9：15～9：29	5	2	7	12	5	17	4	5	9
9：30～9：44	10	13	23	4	5	9	2	7	9
9：45～9：59	8	19	27	12	39	51	11	8	19
10：00～10：14	5	2	7	14	9	23	8	4	12
10：15～10：29	1	5	6	6	28	34	3	4	7
10：30～10：44	17	11	28	6	13	19	10	3	13

续表

时段	北京首都国际机场			上海浦东国际机场			广州白云国际机场		
	离场	进场	合计	离场	进场	合计	离场	进场	合计
10：45～10：59	16	22	38	7	18	25	12	13	25
11：00～11：14	9	7	16	32	9	41	7	3	10
11：15～11：29	3	11	14	5	16	21	3	6	9
11：30～11：44	10	7	17	13	9	22	9	5	14
11：45～12：00	21	20	41	12	11	23	12	18	30
合计	174	136	310	206	175	381	137	89	226

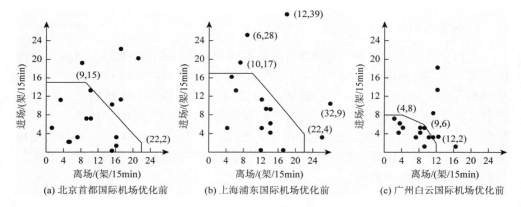

图 5.3　优化前三大机场交通流量与容量匹配情况

2. 模型优化分析

机场配流问题实质上是为所有航班指派进场或离场时段，同时须满足一定的约束，属于组合优化问题。所建模型属于 0-1 整数规划模型，解决这类模型的优化算法很多。考虑模型没有限制网络中机场数目和航班数目，而且实际决策中一般需要解决多个小时的供需平衡问题，涉及的数据量较大，应采用一种适合求解大规模整数规划问题的方法。本书采用 LINGO 软件对模型进行仿真验证。取 $\delta = 0.01$，优化后三大机场各时段的流量分布及各机场的流量与容量匹配情况分别见表 5.2 和图 5.4，总延误时间为 3060min。从图 5.4 中显然可见，优化后所有流量分配点都处于容量曲线以内或上，这说明流量与容量得到了协调匹配。图 5.5 为三大机场优化前后的流量比较分析，从中可见优化后的流量分配方案，不仅有效地消除了交通流量的峰值，而且使各时段分布的流量趋于均衡，充分利用了各机场有限容量，合理安排了航班起降。

表 5.2　优化后三大机场流量分布结果

时段	北京首都国际机场			上海浦东国际机场			广州白云国际机场		
	离场	进场	合计	离场	进场	合计	离场	进场	合计
8：00～8：14	14	0	14	12	0	12	12	1	13
8：15～8：29	17	1	18	17	0	17	12	2	14
8：30～8：44	16	3	19	14	6	20	12	2	14
8：45～8：59	15	9	24	14	4	18	9	5	14
9：00～9：14	7	4	11	22	3	25	11	3	14
9：15～9：29	5	2	7	15	5	20	4	5	9
9：30～9：44	10	13	23	4	5	9	2	7	9
9：45～9：59	8	15	23	10	17	27	9	6	15
10：00～10：14	5	6	11	10	17	27	9	6	15
10：15～10：29	1	5	6	10	17	27	4	4	8
10：30～10：44	16	8	24	8	17	25	10	3	13
10：45～10：59	9	15	24	8	17	25	9	6	15
11：00～11：14	12	12	24	10	17	27	9	6	15
11：15～11：29	8	15	23	10	17	27	4	8	12
11：30～11：44	10	8	18	10	17	27	9	6	15
11：45～12：00	11	13	24	21	5	26	9	6	15
12：00 以后	10	7	17	11	11	22	3	13	16
合计	174	136	310	206	175	381	137	89	226

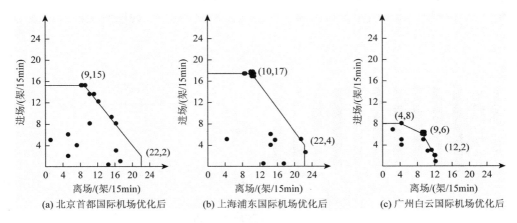

图 5.4　优化后三大机场交通流量与容量匹配情况

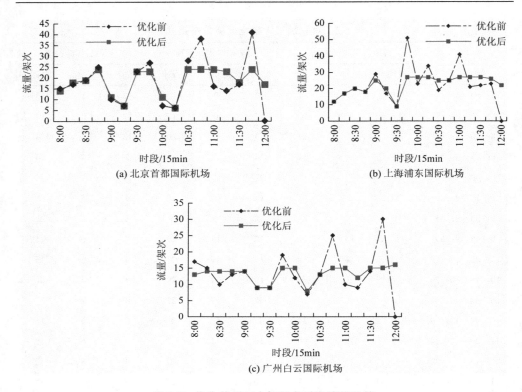

(a) 北京首都国际机场

(b) 上海浦东国际机场

(c) 广州白云国际机场

图 5.5　优化前后三大机场各时段流量比较

　　图 5.6 反映了优化后航空公司之间延误损失分摊的情况,从平均航班延误来看,各航空公司的平均航班延误均接近 3.3min,其间相差不到 0.3min,延误比较均衡;从功效公平度来看,各航空公司的功效公平度为 0.98~1.06,均接近 1,延误比较公平,其中航空公司 1 和 2 的功效公平度等于 1,说明对它们而言绝对公平。

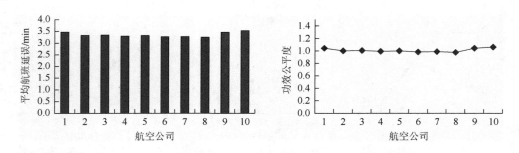

图 5.6　用户均衡情况分析

3. 参数影响分析

为分析约束参数对优化结果的影响，选取 10 种参数取值分别进行优化，优化结果及性能如表 5.3 所示，航空公司平均延误和功效公平度分析如图 5.7 所示。从表 5.3 中可见，随着 δ 值的增加，总延误时间不断降低，即功效性逐渐提高，但提高到一定程度趋于恒定；航空公司延误标准差不断增加，它在一定程度上反映了公平性的降低；优化时长呈减少趋势，说明约束条件宽松了更容易获得最优解；δ 取值较小时（$\delta \leqslant 0.08$），公平性和功效性是此消彼长的，基本上是相互冲突的，取值较大时（$0.08 < \delta \leqslant 1$）总延误趋于恒定，即不再影响功效性。

表 5.3　不同参数取值的优化结果

δ 取值	总延误时间/min	航空公司延误标准差	优化时长/s
0.001	3077	0.005567	181
0.002	3075	0.061058	55
0.005	3072	0.074080	56
0.008	3060	0.072691	48
0.010	3060	0.097182	14
0.050	3060	0.928612	16
0.200	3060	0.897701	11
0.500	3060	0.864192	11
0.800	3060	1.124511	10
1.000	3060	1.328926	11

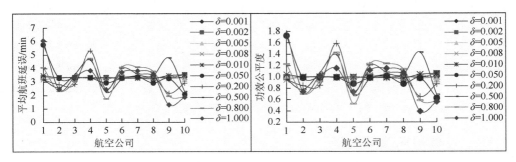

图 5.7　不同参数取值的用户均衡情况分析（见彩图）

从图 5.7 中可见，随着 δ 值的降低，航空公司间的平均延误变化均趋于平缓，各航空公司的功效公平度趋向接近于 1，也就是说航空公司之间平均延误偏差不断降低，对单个航空公司造成的不公程度也在不断减轻，即公平性不断提高。因此 δ 值的选取对优化结果具有重要影响，按照联合国有关组织规定，基尼系数值在 0.2～0.3 表明比较均衡，但综合考虑本书优化的功效、公平及效率等因素，认为 δ 在 0.002～0.01 取值较好。

本节研究了开放式机场网络系统交通供需不平衡问题，得出以下两点结论。

（1）所建立的开放式机场网络系统用户均衡配流模型，可以从系统和用户两角度协调优化匹配多机场网络系统流量与容量，能在最优分配流量、充分利用容量的同时提高航空用户之间延误分摊的公平性，可为空管部门制定科学、合理配流策略提供有力支持。

（2）所建立的开放式机场网络系统用户均衡配流模型，可以被扩展到由机场、扇区、航路等构成的空中交通系统网络中，解决大范围区域性空中交通供需不平衡问题；此外，虽然用户均衡约束参数的引入可以使决策者灵活自主调整策略，但合理的参数取值较难选取，因此下一步研究可考虑自动选择合适的约束参数值。

5.3　基于多体决策的起降次序协同调度方法

5.3.1　问题描述

基于多体决策的起降次序协同调度是指空管、机场、航空公司等多类决策主体协同运行，兼顾安全、高效、公平等准则，共同解决有限机场时空资源分配和航班起降次序调度问题。基于多体决策的起降次序协同调度可分为初次调度和再次调度，其中：初次调度是指基于航班预计时间，空管部门按照"先计划先安排"的原则进行分配起降次序，体现航班调度的有效性和公平性；再次调度是指在初次调度的基础上，引入 CDM 理念与多体决策理论，充分考虑航空公司的意愿和机场资源占用情况，允许航空公司内部优化次序、航空公司之间自由交换次序，从而提高航班调度的自主性与灵活性。本书着重研究基于多体决策的起降次序再次调度问题，属于自私理性个体间的协作问题，采用多 Agent 系统（Multi-Agent System，MAS）[112, 113]进行研究和验证，提出一种基于 MAS 协调交易[114, 115]（Trading based on MAS Coordination，MASC-T）的起降次序动态调度模型与方法[116]。

5.3.2　多体协同决策模型

1. 基于 MAS 协调交易的起降次序调度流程

在由空管、机场、航空公司等多体进行的协同决策调度中，空管部门（Air

Traffic Manager，ATM）旨在确保安全、提高调度效率；航空公司运控中心（Airline Operations Center，AOC）旨在优化内部航班次序，最大化自身利益；机场部门提供设施资源占用信息。基于 MAS 协调交易的起降次序调度流程为首先多体协同评估机场交通整体运行状况，根据航班预计时间按照"先计划先安排"的原则初次安排起降次序；ATM 根据航空公司调度申请需求情况，决定是否启动再次调度程序，发布再次调度的有效时空范围；航空公司根据有效时空范围，首先在内部优化调整自身航班次序，再通过与其他航空公司进行配对交换次序参与 MAS 协调交易，以降低自身延误损失。具体流程如图 5.8 所示。

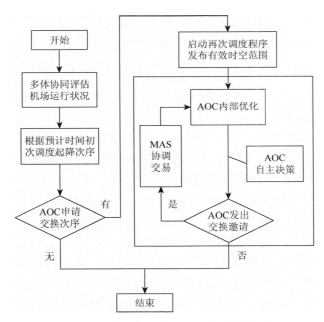

图 5.8　基于 MAS 协调的起降次序交换流程

2. 基于 MAS 协调交易的调度次序交换策略

MAS 协调交易以个体利益为中心，通过设计合理的交互规则，在个体追求自身利益最大的基础上实现群体目标[117-119]。本书采用基于市场机制的协商策略，同时引入市场监督机制，保证协调质量与交换的有效性、公平性和稳定性。MAS 协调次序交换中主要包括 ATM Agent 和受影响航空公司的 AOC Agents。ATM Agent 作为市场监督者，主要负责发布次序交换的有效时空范围、及时更新时刻资源占用情况。AOC Agent 作为协调调度的直接参与者，内部优化自身航班起降次序之后，具有多种自主行为：既可以主动向符合条件的 AOC Agent 定向发起次序交换邀请通告，也可被动地接受其他 AOC Agent 发来的交换邀请，还可以单独或联合其他 AOC Agent 积极响应交换邀请。无论 AOC Agent 采取哪种行为，其目的都是为了获得理想的起降次序，满足自身需求。

定义：s_q 为交换邀请者用来交换的次序。f_q 表示占用该次序的航班。S_q 为邀请者可接受的次序集，$S_q = \{s_e, \cdots, s_l\}$，表示 S_q 内的次序才能和 s_q 交换，才能成为目标次序 $s_g \in S_q$，配置给目标航班 f_g。其中，s_e 为可接受的最早次序，s_l 为可接受的最晚次序，调度有效时间满足条件：$t_q < t_e \leqslant t_g \leqslant t_l$，$t_q, t_e, t_g, t_l$ 分别为次序 s_q, s_e, s_g, s_l 对应的时间。

S_r^q 为邀请发出者在交换 s_q 中涉及的次序集合，其中包括直接用于交换的目标次序 s_g 和一些使该交换得以实现的过渡次序，即 $S_r^q = \{s_g, s_g \in S_q\} \bigcup S_r^b$，$S_r^b$ 为能使交换得以实现的过渡次序集合。当 $S_r^b = \varnothing$ 时，表示无需过渡次序也能实现 $s_g \to s_q$ 之间的交换。F_r^q 为占用 S_r^q 中次序的航班集合，$F_r^q = \{f_g\} \bigcup F_r^b$，$F_r^b$ 为占用 S_r^b 中次序的桥梁航班集合。

MAS 协商交换过程如下。

（1）如果启动再次调度程序，ATM 则发布允许次序交换的有效时空范围，每个 AOC 可根据自身情况进行内部优化和自主决策，做出是否向其他 AOC 发出交换邀请的决定，如发出邀请，则给出邀请条件：$s_q \to S_q$，表示希望交换 s_q，在 S_q 内有航班次序的其他 AOC 可接受此邀请、响应交换 s_q。

（2）符合条件的 AOC 积极响应组建交换方案，并向邀请发布者提出交换申请。组建交换方案时，首先在自身航班和次序队列中搜寻是否存在实现本次交换的最佳方案。如果存在，则直接与邀请者交换次序；如果不存在，则联合其他 AOC 共同寻找交换方案。组建方案有两种方式：一种是用"次序"交换"次序"；另一种是用"次序附加货币"的补差价形式进行交换。

（3）邀请者根据设定目标或自身偏好，选择最佳响应者，并及时回复其他响应者；其他响应者也可以在有效的时空内重新组建方案、继续响应，或者放弃响应。

（4）一旦交换达成，邀请者与最佳响应者交换次序（或和补偿金）；ATM 更新数据库。

5.3.3　AOC Agent 协调推理模型

1. 基于 BDI 的协调推理模型

在 MAS 中，Agent 之间的协调和推理行为涉及 Agent 的思维状态模型。本章采用基于 BDI 的 Agent 协调推理机制，研究 AOC Agent 的协调推理策略。定义 AGE 为所有 Agent 个体集，$a \in AGE$；STA 为全体状态信息集；PER 为全体感知信息集，$P \subset PER$；BEL 为全体信念集，$B \subset BEL$；DES 为全体愿望集，$D \subset DES$；INT 为全体意图集，$I \subset INT$；ACT 为全体原子行为集，$act \in ACT$；$\prod \cdot$ 表示幂集；t 表示时间。Agent 的 BDI 协调推理模型为

$$a_t \equiv \langle P, B, D, I, ACT, see, brf, options, filter, execute \rangle \quad (5.19)$$

式中，P, B, D, I 分别为感知信息集、信念集、愿望集和意图集。$I = \{x \mid x = (\prod r_x, p_x, g_x)\}$，$r_x$ 为实现意图的前提，如作为响应者通过交换请求时需满足的条件等；$p_x \in \prod(act, t)$ 为实现意图的行为规划，如主动申请次序交换或补差价交换等；g_x 为意图最终实现的目标。see，brf，options，filter，execute 分别表示感知过程、信念修正过程、愿望确定过程、意图确定过程和行为执行过程。

2. AOC Agent 内部推理过程

在 MAS 协调交换过程中，AOC Agent 既可主动发起交换邀请，也可被动响应交换邀请。AOC Agent 在内部优化之后，根据自身需求定向发布次序交换邀请。收到定向邀请的 AOC Agent 分为两种形式响应：独自响应或联合响应。收到定向邀请的 AOC Agent 首先分析自身是否具有单独交易能力，如果具备单独交易能力，则独自生成交易方案，直接向邀请者提出交换次序申请；如果不具备单独交易能力，则与其他 AOC Agent 协作交易，协调生成联合交易方案，联合向邀请者提出交换申请；如果与其他 AOC Agent 协商失败，则放弃交易申请。为使 AOC Agent 积极参与，无论 AOC Agent 作为主动申请者还是被联合申请者，都必须作出承诺，只要对自身有利就必须积极响应邀请或配合协作响应邀请。其中，AOC Agent 响应交换邀请的内部推理过程如图 5.9 所示。

AOC Agent 响应交换邀请的内部推理逻辑流程如下。

（1）确定有利的响应交换目标 $\overline{g}$，$\overline{g} \in D$，它通过通信、感知和内部推理得到。

（2）分析直接交换方案，寻找能够实现直接交换目标的计划。如果 $\exists X, X \subseteq I$，s.t. $x \in X, \forall r_x, r_x \in B$，$g_x = \overline{g}$，则 X 为直接交换可行意图集，相应的 $p_x (x \in X)$ 为实现 $\overline{g}$ 的直接交换计划。

（3）如果 $x_m \in X, \forall x \in X, F(x_m) \geqslant F(x)$，则 x_m 为直接交换承诺意图，$F(\bullet)$ 为直接交换决策选择函数，即根据交换产生的效用选择最优方案，转到（7）。

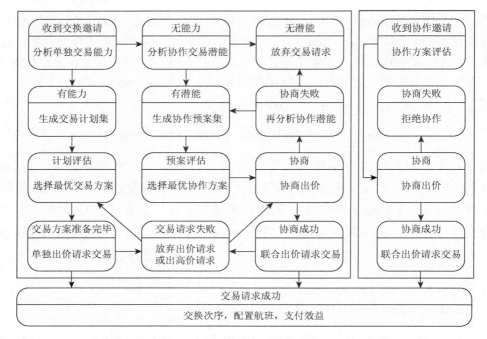

图 5.9　AOC Agent 响应交换邀请的内部推理过程

（4）如果 $\neg\exists X, X \subseteq I$, s.t. $x \in X$, $\forall r_x$，$r_x \in B$，$g_x = \overline{g}$，则分析配对交换方案，寻找能够实现协作交换目标的计划。如果 $\exists Y, Y \subseteq I$，s.t. $y \in Y, g_y = \overline{g}$，则 Y 为配对协作交换可能意图集，相应的 $p_y(y \in Y)$ 为实现 $\overline{g}$ 的协作行为计划。

（5）如果 $y_n \in Y, \forall y \in Y, F'(y_n) \geqslant F'(y)$，则 y_n 为协作邀请承诺意图，$F'(\bullet)$ 为协作方案决策选择函数，根据协作可能产生的效用选择最优协作配对交换方案。

（6）就协作配对交换方案进行协商。如果 $\forall r_{y_n}, r_{y_n} \in B$，则 y_n 为配对交换承诺意图；否则刷新信念集 B，从（4）重新执行。

（7）如果交换成功，则交换调度次序，支付补偿金，更新资源库，刷新 B、D、I；如果失败，则或放弃请求，或转到（2）重新响应，并刷新 B、D、I。

5.3.4　AOC Agent 次序交换效用

定义：A 为 TFM 发布允许调度交换时段内所涉及的航空公司集合，也是全体 AOC Agent 集合，$a \in A$；F 为允许调度交换时段内受影响的航班集合，$F = \{f_1, f_2, \cdots, f_n\}$，$f_i \in F$；$F'$ 为续航航班集合，即有后续任务的航班集，

$F' \subseteq F$；ota_i 为航班 f_i 的初始进场时间；eta_i 为航班 f_i 的当前预计最早进场时间；S 为允许调度交换时段内进场调度次序集合，为便于描述，假设调度序号与航班数量相同，$S = \{s_1, s_2, \cdots, s_n\}$，$s_j \in S$，$t_j$ 为 s_j 的调度次序（起始）时间；$O: F \to A$ 表示航班与航空公司的匹配关系；F_a 为 a 的航班集合，$F_a = \{f \in F \mid O(f) = a\}$，$F_a \subseteq F$，$\bigcup_{a \in A} F_a = F$；$F_a'$ 为 a 的续航航班集合，$F_a' \subseteq F_a$；在调度次序再次分配之前，所有航班都已被指派调度序号，定义 s_i 为航班 f_i 的调度次序，$\forall f_i \in F$，则 a 拥有的调度次序集合 $S_a = \{s_i \in S : f_i \in F_a\}$，$S_a \subseteq S$，$\bigcup_{a \in A} S_a = S$。

1. 个体内部优化效用

个体内部优化是指初次调度之后航空公司根据特定目标或偏好优化调整自身航班与次序之间的匹配关系，以达到最佳配置。由此产生的效益为内部优化效用。利用优化模型实现个体决策，优化目标为最小化航空公司的总延误成本损失和管制部门的工作负荷：

$$\begin{cases} D_a = \min\left\{ \displaystyle\sum_{f_i \in F_a, s_j \in S_a} c_{ij} x_{ij} \right\} \\ W_a = \min\left\{ \displaystyle\sum_{f_i \in F_a} \lambda_i y_i \right\} \\ \text{s.t.} \\ \displaystyle\sum_{f_i \in F_a : t_j \geqslant \mathrm{eta}_i, t_j - \mathrm{ota}_i \leqslant \Delta T_i} x_{ij} \leqslant 1, \forall s_j \in S_a \end{cases} \tag{5.20}$$

式中，D_a 为优化后的总延误成本损失；W_a 为优化后的总管制负荷增加量；λ_i 为更改航班 f_i 调度次序引起的管制负荷增加。c_{ij} 为调度次序 s_j 分配给航班 f_i 引起的延误成本损失。

$$c_{ij} = \omega_i \cdot (t_j - \mathrm{ota}_i)^{1+\varepsilon}, \quad s_j \in S_a, \quad f_i \in F_a \tag{5.21}$$

式中，ε 为延误成本系数；ω_i 是航班 f_i 的单位时间的地面延误成本，主要由延误航班单位时间的运营成本、航空公司盈利损失和旅客延误经济损失组成[62]。ω_i 可表示为

$$\omega_i = \alpha_i^{yy} + \alpha_i^{yl} + \alpha_i^{lk} = \alpha_i^{yy} + p_i \times n_i \times v_i / h_i + l_i \times n_i \tag{5.22}$$

式中，α_i^{yy}、α_i^{yl}、α_i^{lk} 分别为航班 f_i 单位时间的运营成本、盈利损失和旅客经济

损失；n_i、p_i、v_i 和 h_i 分别为航班 f_i 的载客数、平均票价、平均净利润率和平均飞行小时，l_i 为每名旅客单位时间的平均延误成本。

决策变量 x_{ij}, y_i 为

$$x_{ij} = \begin{cases} 1, & \text{次序 } s_j \text{ 分配给航班 } f_i \\ 0, & \text{否则} \end{cases}, s_j \in S_a, f_i \in F_a$$

$$y_i = \begin{cases} 1, & \text{航班 } f_i \text{ 交换调度次序} \\ 0, & \text{否则} \end{cases}, f_i \in F_a \qquad (5.23)$$

$$\lambda_i = |s_i - s_j|$$

约束条件要求：每个航班必须配置一个晚于其当前预计进场时间，且所引起的延误不大于最大延误的调度次序；每个次序至多分配给一个航班。其中，$s_j - s_i \leqslant \Delta P_i$，$\forall f_i \in F_a'$，为续航航班最大位置调整约束，用以确保航班次序调整满足管制工作实际可行，且负荷控制在一定范围内，ΔP_i 为 f_i 的最大位置约束。个体优化的基础是初次分配，而初次分配是按照"先到先分配"原则的，没有考虑最大延误约束。因此为了进一步降低延误，航空公司应参与外部交换。

个体优化成本效用 U_{D_a} 为优化前的总延误成本损失 D_a' 减去优化后的总延误成本损失 D_a；个体优化负荷效用 U_{W_a} 为优化前的总延误成本损失 W_a' 减去优化后的总延误成本损失 W_a：

$$U_{D_a} = D_a' - D_a = \sum_{f_i \in F_a, s_i \in S_a} c_{ii} - D_a$$

$$U_{W_a} = W_a' - W_a = \sum_{f_i \in F_a, s_i \in S_a} \lambda_i - W_a \qquad (5.24)$$

式中，$c_{ii} = \omega_i \cdot (t_i - \text{ota}_i)^{1+\varepsilon}$，$s_i \in S_a$，$f_i \in F_a$。

2. 群体外部交换效用

航空公司内部优化决策后，若仍不能较大程度地降低其总延误，便可与其他航空公司进行外部交换次序，从中产生的效益即为群体外部交换效用。群体交换效用可用减低的延误成本损失表示，由邀请响应者效用和邀请发出者效用组成。定义 D 为交换调度次序降低的延误成本损失；U 为群体交换效用，表示交换次序并支付（或接受）补偿金后的获利。

1）交换邀请响应者效用

假设 a 响应交换邀请：$s_g \to s_q$。在请求交换方案 $s \in S$ 中，S_r^q 为 a 用于请求交换的次序集合，$s_j \in S_r^q$；F_r^q 为 a 涉及的桥梁航班集合，$f_j \in F_r^q$。则在该请求方案 s 中 a 降低的总延误成本损失为

$$D_a(s) = \sum_{f_j \in F_r^q} \varpi_j (t_j^{'} - t_j)^{1+\varepsilon} \qquad (5.25)$$

式中，ω_j 是 f_j 的单位时间的地面延误成本；$t_j^{'}$ 为交换前 f_j 占用次序对应的时间；t_j 为交换后 f_j 占用次序对应的时间，即 s_j 的时间。

如果 a 在请求方案 s 中承诺的补偿金支付比率为 r_a，则支付的补偿金为

$$p_a^s = r_a \cdot \sum_{f_j \in F_r^q} \varpi_j (t_j^{'} - t_j)^{1+\varepsilon} \qquad (5.26)$$

式中，参数 r_a 为补偿金支付比率，其值由请求者 a 自主确定，$0 \leqslant r_a \leqslant 1$。则在请求方案 s 中 a 的交换效用为

$$U_a(s) = D_a(s) - p_a^s = (1 - r_a) \sum_{f_j \in F_r^q} \varpi_j (t_j^{'} - t_j)^{1+\varepsilon} \qquad (5.27)$$

2）交换邀请发出者效用

假设 a 发出交换 s_q 的邀请，其目的是让其航班 f_g 得到一个调度次序 $s_g, s_g \in S_q$ 或直接通过补偿金弥补损失。当采取航班配对交换时，交换 s_q 和 s_g 后降低的延误成本损失为

$$D_a(s_q, f_g) = \varpi_g (t_g^{'} - t_g)^{1+\varepsilon} \qquad (5.28)$$

式中，ω_g 是 f_g 的单位时间的地面延误成本；$t_g^{'}$ 为交换前 f_g 占用次序对应的时间；t_g 为交换后 f_g 占用次序对应的时间，即 s_g 的时间。

a 的交换效用表示为交换次序并接受补偿金后的最大获利，即所有响应方案中 a 降低的延误成本损失与补偿金之和的最大值：

$$U_a(s_q, f_g) = \max \left\{ D_a(s_q, f_g) + \sum_{a_s \in A_s} p_a^s, \forall s \in S \right\} \qquad (5.29)$$

式中，S 为根据申请方案集合，A_s 为请求方案 $s \in S$ 的航空公司集合，$a_s \in A_s$；p_a^s

为 a_s 在请求方案 s 中承诺支付的补偿金。

5.3.5　仿真验证

MAS 协调次序交换仿真时，假定所有 AOC Agent 都积极参与，在有效的交换时空范围内，承诺只要满足请求条件且有利可图，就积极参与。假设航空公司认为有利可图的最低效用为 500，设定补偿金支付比率 $r = 0.7$。开发出基于 MAS 协调次序交换的仿真环境。为了与前面研究提出的 RHC-GA 全局优化方法对比分析，个体优化和群体优化都采用式（5-20），取 $\Delta T_i = 90\,\text{min}$，$\forall f_i \in F'$。效用计算时，采用文献[62]对地面等待延误成本的分析，重型、中型和轻型航班的单位延误运营成本分别设定为 4167 元/小时、2916 元/小时和 208 元/小时；航班的平均票价、平均净利润率和平均飞行小时分别设定为 750 元、2.2% 和 2 小时；国内、国际（要客）航班中每名旅客的平均延误成本分别为 50 元/小时和 100 元/小时。选取我国某大型繁忙机场高峰小时 9：00～10：00（起始时间换算为 0，即 0～3600）的 48 个航班进行调度（4.4.3 节算例的原始数据），将基于 FCFS 的一次调度结果、基于 RHC-GA 的动态全局调度结果和基于 MASC-T 的协调次序交换结果进行对比分析。

假设 ATM 发布允许次序交换的时空范围为 4.4.3 节中的 9：00～10：00，则该时间段内的 48 个航班均可执行调度次序交换程序。根据 MASC-T 的协调次序交换模型以及航空公司 Agent 内部逻辑推理过程，8 个航班满足次序交换条件：航空公司 MU 通过内部逻辑推理得到航班 MU5101 与 MU2123 可交换次序以降低延误成本（详细交换调度结果见表 5.4）；航空公司 CA 无法通过内部交换实现利益最大化，但航空公司 MU 存在可交换航班，且期望收益达 500 元，则 MU5292 与 CA1120 交换次序，航空公司 CA 附加补偿 MU1729 元，CA 实际延误成本 2039.7 元，较原计划 2470 元降低 430.3 元，MU 时间延误成本由 810.7 元减小至 741 元；航空公司 CA 与 CZ 请求交换次序过程中，存在配对航班 CA1138-CZ3905 与 CZ6125-CA1654，通过航班配对交换均可达到自身利益最大化的目标，同时延误损失发生均衡性转移。

图 5.10 为三种调度方法的个体效用调度结果，比较分析可知，采用 MASC-T 协调调度方法降低了参与交换的航空公司 MU、CA、CZ 的延误损失成本，分别为 15143.3 元、3861.4 元、2527.9 元；与 FCFS 相比，MU 获益最大，其获益方式主要是内部交换与补偿金，CA 和 CZ 获益相当；与 RHC-GA 相比，航空公司 CZ 基本达到最优化，MU 和 CA 仍存在较大的优化空间，但从航空公司的自身利益和可操作性出发，MASC-T 更具灵活性与可行性。

表 5.4　仿真结果对比

航班信息					FCFS				RHC-GA				MASC-T			
航班号	预计起降时间/s	预计起降跑道编号	航班进离港性质	航空器类型	实际起降时间/s	预计起降跑道编号	延误成本/元	管制工作负荷	实际起降时间/s	预计起降跑道编号	延误成本/元	管制工作负荷	实际起降时间/s	预计起降跑道编号	延误成本/元	管制工作负荷
1 MU5351	0	1	D	M	0	1	0	0	0	1	0	0	0	1	0	0
2 MU5104	0	1	D	M	120	1	210.3	1	120	1	210.3	1	120	1	210.3	1
3 CA4856	0	2	D	H	0	2	0	0	0	2	0	0	0	2	0	0
4 SC4856	0	2	A	M	115	2	197.3	1	115	2	197.3	1	115	2	197.3	1
5 CZ3682	300	1	A	M	300	1	0	0	300	1	0	0	300	1	0	0
6 CA1649	300	2	A	M	300	2	0	0	300	2	0	0	300	2	0	0
7 HU7632	600	1	D	M	830	2	558.1	1	715	2	197.3	1	830	2	558.1	1
8 CA4651	600	1	A	M	600	1	0	0	600	1	0	0	600	1	0	0
9 SC4651	600	1	A	M	690	1	136.6	1	805	2	469.6	1	690	1	136.6	1
10 CZ6201	600	2	D	H	600	2	0	0	600	2	0	0	600	2	0	0
11 MU2801	600	2	A	M	715	2	197.3	1	715	2	197.3	1	715	2	197.3	1
12 CA1138	900	1	D	M	900	1	0	0	900	1	0	0	1020	1	210.3	1
13 CZ3905	900	1	D	M	1020	1	210.3	1	1020	2	210.3	0	900	1	0	0
14 MF8129	900	2	D	M	950	2	56.5	1	920	2	14.3	1	950	2	56.5	1
15 CZ6125	1800	1	A	M	1800	1	0	0	1800	2	0	0	1800	2	0	0
16 CA1654	1800	2	A	M	1800	2	0	0	1800	2	0	0	1800	1	0	0
17 CZ6101	2100	1	D	M	2100	1	0	0	2100	1	0	0	2100	1	0	0
18 HU7506	2100	1	A	M	2215	1	197.3	1	2215	1	197.3	1	2215	1	197.3	1
19 CA1951	2100	2	D	M	2100	2	0	0	2100	2	0	0	2100	2	0	0

续表

航班信息					FCFS				RHC-GA				MASC-T			
航班号	预计起降时间/s	预计起降跑道编号	航班进港性质	航空器类型	实际起降时间/s	预计起降跑道编号	延误成本/元	管制工作负荷	实际起降时间/s	预计起降跑道编号	延误成本/元	管制工作负荷	实际起降时间/s	预计起降跑道编号	延误成本/元	管制工作负荷
20 CZ3115	2100	2	D	M	2220	2	210.3	1	2220	2	210.3	1	2220	2	210.3	1
21 CA4113	2400	1	D	M	2400	1	0	0	2400	1	0	0	2400	1	0	0
22 CA4112	2400	1	A	M	2515	1	197.3	1	2515	1	197.3	1	2515	1	197.3	1
23 CA1651	2400	2	D	M	2400	2	0	0	2400	2	0	0	2400	2	0	0
24 SC4652	2400	2	D	M	2520	2	210.3	1	2520	2	210.3	1	2520	2	210.3	1
25 CA4652	2400	2	A	M	2605	1	469.6	1	2605	2	469.6	1	2605	1	469.6	1
26 MU5292	2700	1	D	M	2995	1	810.7	1	3115	2	1352.6	1	3320	2	741	1
27 CA1120	2700	1	D	M	3320	2	2470	1	2995	2	810.7	1	2995	1	2539.7	1
28 UA4476	2700	1	A	M	3205	1	1815.7	1	2700	1	0	0	3205	1	1815.7	1
29 MU5252	2700	1	A	M	2700	1	0	0	2880	2	386.4	1	2700	1	0	0
30 CX6111	2700	1	A	M	2790	1	136.6	1	2790	1	136.6	1	2790	1	136.6	1
31 HU7305	2700	2	D	M	2815	2	197.3	1	2995	1	810.7	1	2815	1	197.3	1
32 CA1701	2700	2	A	M	2880	1	386.4	1	2700	2	0	0	2880	1	386.4	1
33 UA4404	2700	2	A	M	2700	2	0	0	2790	2	136.6	1	2700	2	0	0
34 HU7397	2700	2	A	M	3115	2	1352.7	1	2880	2	386.4	1	3115	2	1352.7	1
35 AA1111	3000	1	D	M	3000	2	0	0	3235	1	576.4	1	3000	2	0	0
36 CZ6143	3000	1	D	M	3115	1	197.3	1	3115	1	197.3	1	3115	1	197.3	1
37 CA1152	3000	1	A	M	3230	1	558.1	1	3350	1	1047.7	1	3230	1	558.1	1
38 SC1152	3000	1	A	M	3320	1	915.9	1	3440	1	1476.7	1	3320	1	915.9	1
39 HU7215	3000	1	A	M	3410	1	1328.3	1	3530	1	1952.2	1	3410	1	1328.3	1

续表

航班信息					FCFS				RHC-GA				MASC-T			
航班号	预计起降时间/s	预计起降跑道编号	航班进离港性质	航空器类型	实际起降时间/s	预计起降跑道编号	延误成本/元	管制工作负荷	实际起降时间/s	预计起降跑道编号	延误成本/元	管制工作负荷	实际起降时间/s	预计起降跑道编号	延误成本/元	管制工作负荷
40 MU2451	3000	2	D	M	3440	2	1476.7	1	3645	2	2621	1	3440	2	1476.7	1
41 CZ3117	3000	2	D	M	3560	2	2120.3	1	3525	2	1924.7	1	3560	2	2120.3	1
42 3U8829	3000	2	A	M	3675	2	2806	1	3230	2	558.1	1	3675	2	2806	1
43 3U8881	3000	2	A	M	3765	2	3385.4	1	3320	2	915.9	1	3765	2	3385.4	1
44 MU2411	3000	2	A	M	3855	2	4000	1	3410	2	1328.3	1	3855	2	4000	1
45 HU7504	3300	1	A	M	3500	1	452.5	1	3620	1	915.9	1	3500	1	452.5	1
46 MU2121	3300	1	A	H	3590	1	1234.6	1	3710	1	2075.5	1	3590	1	1234.6	1
47 MU5101	3300	2	A	M	3945	2	4981.6	1	3760	2	1578.5	1	**4035**	**2**	**3188.2**	**1**
48 MU2123	3300	2	A	H	4035	2	2621	1	3850	2	3224.6	1	**3945**	**2**	**4095.2**	**1**
总延误成本/元					36098.8				27194.34				35779.18			
总延误时间/s					9975				8570				9975			

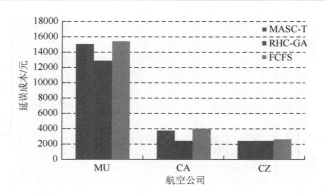

图 5.10　个体效用结果比较分析

　　群体效用结果比较分析如图 5.11 所示，采用不同方法对时域内 48 个航班进行调度优化，FCFS 调度后的延误成本损失为 36098.8 元；采用 RHC-GA 的动态全局优化方法调度后的延误损失成本为 27194.34 元，较 FCFS 方法降低 24.67%；采用多体决策协调的 MASC-T 方法调度后的延误损失成本为 35279.18 元，较 FCFS 方法降低 2.27%。尽管 FCFS 方法操作简单，但没有考虑航空公司个体效益和群体效益，其延误损失成本最高，RHC-GA 方法充分考虑了全局优化性，其延误损失成本最低，但优化结果并未考虑航空公司内部意愿和个体效益，MASC-T 方法延误损失成本较高，但仍较 FCFS 方法降低 2.27%，且完全考虑了航空公司个体效益与相互协调问题，更具公平性、灵活性和实用性。

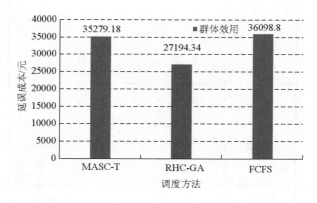

图 5.11　群体效用结果比较分析

　　管制负荷比较如图 5.12 所示，采用不同方法对时域内 48 个航班进行调度优化，FCFS 和 MASC-T 调度后的负荷均为 32；采用 RHC-GA 的动态全局优化方法调度后的负荷为 33。MASC-T 方法允许航空公司内部和外部进行协调交换调度次序，但管制负荷并未出现增大趋势，原因是航空公司选择交换的航班通常是已经造成负荷增加的航班，其调度次序的变化不会引起管制负荷的再次增加，RHC-GA方法航班调度次序变化数量较大，管制负荷较大。

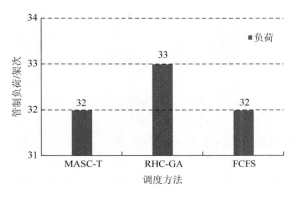

图 5.12　管制负荷比较

5.4　本 章 小 结

本章首先提出了基于开放网络的起降流量协同调配方法，将时间区间划分为若干时段，按照航空用户延误均摊原则为容量受限机场的航班配置最佳的进/离场时段，以重新调配交通需求，从而使该机场各时段的流量与容量协调匹配，并对模型方法进行了验证分析；其次提出了基于多体决策的起降次序协同调度方法，其核心思想是考虑安全、高效、公平等准则，空管、机场、航空公司等多类决策主体共同解决有限机场时空资源分配和航班起降次序调度问题，该方法既能体现航班调度的有效性与公平性，又能提高航班调度的自主性和灵活性，具有较高的研究价值与应用前景。

第 6 章 总结与展望

6.1 本书的主要工作

通过对复杂机场航班起降调度理论与方法的深入研究，主要研究结论和成果如下。

（1）剖析航班流基本属性和耦合运行特性，为开展复杂机场航班起降调度方法研究提供理论基础与依据。

阐明了航班流的流体特征，给出航班流流量、密度和速度相关定义及其相互关系；遴选对交通密度敏感的基础状态指标与当量交通量复合指标，建立了起降航班流态势属性测度模型与方法；分别采用实测数据、数学建模和微观仿真方法，建立了起降航班流互作用模型，揭示了起降航班流之间的耦合制约影响特征。

（2）提出滚动时域控制方法研究单机场航班起降调度问题，有效地提高了方法的实时性和可操作性。

①建立了基于 RHC 的单跑道着陆调度模型。采用滚动时域控制策略建立单机场单跑道进场多目标调度模型，采用 RHC-GA 求解延误时间最小、延误成本最小以及混合目标下的优化调度结果。研究表明，所提出建模方法及算法可有效地降低航班延误，并且运算快速，能够满足实时操作的要求；同时可满足决策者对于动态航班的灵活管理要求，决策者可根据自身偏好选择最终调度方案，具有良好的操作性。

②建立了基于 RHC 的多跑道起降综合调度模型。以多跑道机场起降航班为对象，采用 RHC 策略分别研究了多跑道航班起降单目标和多目标优化调度问题。研究表明，所提模型与算法可以高效地为复杂机场多跑道运行条件下的航班实施动态排序，在降低航班延误和管制员工作负荷的同时均衡跑道使用与进离场延误。

（3）研究了多机场系统离场排序、协同流量调配和其将次序二次调配问题，为航班调度研究领域拓展了新的思路与方向。

①建立了多机场多跑道离场航班排序模型与方法。以跑道和离场定位点为关键资源约束，采用 CPS 方法确保航班公平性，从而建立多机场离场排序建模，设计禁忌搜索算法求解。研究表明，所提出的模型与方法能够在可接受的时间范围

内得到满意的解决方案。

②建立了开放式多机场流量协同调配模型与方法。构建多机场系统开放网络模型、优化目标模型、多元受限约束模型,定义用户均衡条件和用户均衡配流模型,数值仿真分析不同均衡约束参数值下公平性、功效性等结果敏感性。研究表明,所提模型能够从系统和用户角度协调优化匹配多机场网络系统流量与容量,能在最优分配流量、充分利用容量的同时提高航空用户之间延误分摊的公平性,可为空管部门制定科学、合理配流策略提供有力支持。

③建立了多主体决策的起降次序调配模型与方法。采用多智能体系统建立多主体之间航班起降次序二次协调交易机制与模型,分别构建个体和群体效用函数。研究表明,所提方法能够使得航空公司通过航班配对交换均达到自身利益最大化的目标,同时延误损失发生均衡性转移;与 FCFS 相比,从航空公司的自身利益和可操作性出发,MASC-T 更具灵活性与可行性;与 RHC-GA 相比更能够兼顾航空公司内部和个体利益。

6.2　本书的研究展望

本书研究存在的不足及以后的研究展望。

(1)本书研究对象涵盖了单机场、多机场、单跑道和多跑道等多种运行情况,已经形成了较为完整的方法体系。然而,多机场系统进离场协同排序问题尚未深入探讨,该问题也是未来航班排序领域的重点和难点,可在后续研究工作中补充开展。

(2)本书在求解排序优化问题时采用了遗传算法、禁忌搜索算法和 LINGO 精确求解算法,能够保证一定的时效性,但并没有探讨各类算法的优劣性。然而,航班排序问题求解效率是决定能够应用于实际的关键因素之一。因此,后续应在数学建模的基础上,更加关注于求解算法的设计,确保模型的实用性。

(3)本书主要针对确定性运行环境下的航班起降调度问题进行探讨。然而,空中交通运行受人为和外界环境影响较大,可进一步研究不确定环境下的航班排序问题,特别是恶劣天气、设备失效、跑道关闭等突发事件所导致的容量陡降情况下,起降航班的应急排序问题。

(4)航班排序问题的研究其根本目的是通过设计开发进离场排序等管制辅助决策工具,从而降低管制员工作负荷,提升机场和空域运行能力。然而,排序工具的应用势必改变管制员的主动思考的习惯,可能造成更大的工作负荷。因此,下一步亟需开展人机关系研究,探讨管制员对排序结果的认知方式,从而在研究优化排序结果的同时落地于排序结果的实现中。

（5）航空器起降排序涉及机场及终端区各区域，为确保航班优化的无缝性，可进一步研究空地协同排序，即将进场排序、离场排序、场面管理相结合，系统性优化航班运行效率。

参 考 文 献

[1] 中国民用航空局. 2013 年全国运输机场生产统计公报. http：//www.caac.gov.cn/I1/K3/ 201203/t20120321_47038.html[2014-01-01].

[2] 中国民航发展十二五规划.企业内部资料. 2011.

[3] 中国航空运输协会. 中国航空运输业发展蓝皮书（2011）. 北京：中国航空运输协会，2011.

[4] 民航资源网. 中国大陆地区 2014 年航班准点率报告. http：//news.carnoc.com/list/309/ 309332. html[2015-02-10].

[5] Psaraftis H. A dynamic programming approach for sequencing groups of identical jobs. Operations Research，1980，28（6）: 1347-1359.

[6] Bianco L，Dell'Olmo P，Giordani S. Scheduling Models and Algorithms for TMA Traffic Management. Modeling and Simulation in Air Traffic Management. Berlin：Springer，1997：139-167.

[7] Beasley J，Krishnamoorthy M，Sharaiha Y M，et al. Scheduling aircraft landings—the static case. Transportation Science，2000，34（2）：180-197.

[8] Carr G C，Erzberger H，Neuman F. Fast-time study of airline-influenced arrival sequencing and scheduling. Journal of Guidance，Control，and Dynamics，2000，23（3）：526-531.

[9] Pinol H，Beasley J E. Scatter search and bionomic algorithms for the aircraft landing problem. European Journal of Operational Research，2006，171：439-462.

[10] Balakrishnan H，Chandran B. Scheduling aircraft landings under constrained position shifting. AIAA Guidance，Navigation and Control Conference and Exhibit，Keystone，2006.

[11] Bauerle N，Engelhardt-Funke O，Kolonko M. On the waiting time of arriving aircrafts and the capacity of airports with one or two runways. European Journal of Operational Research，2007，177（2）：1180-1196.

[12] Soomer M J，Franx G J. Scheduling aircraft landings using airlines' preferences. European Journal of Operational Research，2008，190：277-291.

[13] Yu S P，Cao X B，Zhang J. A real-time schedule method for aircraft landing scheduling problem based on cellular automation. Appllied Soft Computer，2011，11（4）：3485-3493.

[14] Saraf A P，Clarke J P B，McClain E. Discussion and comparison of metroplex-wide arrival scheduling algorithms. Proceedings of 10th AIAA Aviation Technology，Integration and Operations Conference（ATIO），Fort Worth，2010：13-15.

[15] Delaurentis D，Landry S，Sun D F. A concept for flexible operations and optimized traffic into metroplex regions. 11th AIAA Aviation Technology，Integration and Operations（ATIO） Conference，Virginia Beach，2011：20-22.

[16] 马园园，胡明华，张洪海，等. 多机场终端区进场航班协同排序方法. 航空学报，2015，

36（7）：2279-2290.

[17] 程傲. 珠三角地区多机场放行时隙分配策略研究. 南京：南京航空航天大学，2013.

[18] 张妍. 多机场终端区航班进场排序方法研究. 南京：南京航空航天大学，2014.

[19] Anagnostakis I，Clarke J P. Runway operations planning and control：Sequencing and scheduling. Journal of Aircraft，2001，38（6）：3035.

[20] Capri S，Ignaccolo M. Genetic algorithms for solving the aircraft-sequencing problem：The introduction of departures into the dynamic model. Journal of Air Transport Management，2004，10（5）：345-351.

[21] Atkin J A D，Burke E K，Greenwood J S，et al. Hybrid metaheuristics to aid runway scheduling at London Heathrow airport. Transportation Science，2007，41（1）：90-106.

[22] Gupta G，Malik W，Jung Y C. A mixed integer linear program for airport departure scheduling . 9th AIAA Aviation Technology，Integration，and Operations Conference（ATIO），Hilton Head，2009.

[23] 王飞，徐肖豪，张静. 基于人工鱼群算法的单机场地面等待优化策略. 南京航空航天大学学报，2009，41（1）：116-120.

[24] Atkin J A D，Burke E K，Greenwood J S. TSAT Allocation at London Heathrow：The relationship between slot compliance，throughput and equity. Public Transport，2010，2（3）：173-198.

[25] Sherali H D，Ghoniem A，Baik H，et al. Enhanced formulations for a combined arrival-departure aircraft sequencing problem. Blacksburg：Virginia Polytechnic Institute and State University，2010.

[26] Sherali H D. Enhanced models for a mixed arrival-departure aircraft sequencing problem. Journals on Computing，2015，26（3）：514-530.

[27] Al-Salem A，Farhadi F，Kharbeche M，et al. Multiple-runway aircraft sequencing problems using mixed-integer programming. Proceedings of the 2012 Industrial and Systems Engineering Research Conference，Orlando，2012.

[28] Hancerliogullari G，Rabadi G，Al-Salem A，et al. Greedy algorithms and metaheuristics for a multiple runway combined arrival-departure aircraft sequencing problem. Journal of Air Transport Management，2013，32（32）：39-48.

[29] Gilbo E P. Optimizing airport capacity utilization in air traffic flow management subject to constraints at arrival and departure fixes. IEEE Transactions on Control Systems Technology，1997，5（5）：490-503.

[30] 余江，王大海，浦云. 终端区起飞着陆的协同优化. 系统工程学报，2003，18（5）：462-465.

[31] 马正平，崔德光，谢玉兰. 机场终端区流量分配及优化调度. 清华大学学报（自然科学版），2003，43（7）：876-879.

[32] 陈欣，陆迅，朱金福. 枢纽机场空侧容量利用和流量分配优化模型. 南京航空航天大学学报，2007，39（5）：680-684.

[33] Paolo D O，Guglielmo L. A dynamic programming approach for the airport capacity allocation problem. IMA Journal of Management Mathematics，2003，14（3）：235-249.

[34] Gilbo E P，Howard K W. Collaborative optimization of airport arrival and departure traffic flow

management strategies for CDM. 3rd USA/Europe Air Traffic Management R&D Seminar, Napoli, 2000: 1-11.

[35] 张洪海, 胡明华, 陈世林. 机场进离场流量协同分配策略. 南京航空航天大学学报, 2008, 40 (5): 641-645.

[36] 张洪海, 胡明华, 陈世林. 机场终端区容量利用和流量分配协同优化策略. 西南交通大学学报, 2009, 44 (1): 128-134.

[37] 张洪海, 胡明华. 多跑道着陆飞机协同调度多目标优化. 西南交通大学学报, 2009, 44 (3): 402-409.

[38] 张洪海, 胡明华. 多跑道降落飞机协同调度优化. 交通运输工程学报, 2009, 9 (3): 86-91.

[39] Morisset T. Comparing Capacities and Delays at Major European and American Airports. Cambridge: Massachusetts Institute of Technology, 2010.

[40] 钟建华. 多机场终端区航班进场排序方法研究. 广汉: 中国民用航空飞行学院, 2014.

[41] 莫明娟. 手动挡车辆跟驰行为研究. 合肥: 中国科学技术大学, 2014.

[42] 别翌荟. 基于交通流优化的终端区容量提升研究. 南京: 南京航空航天大学, 2014.

[43] 朱丽. 基于元胞自动机的体育场单向行人流仿真研究. 长春: 吉林大学, 2012.

[44] 张洪海, 廖志华, 祝前进. 基于 CTM 的终端区交通流参数关系研究. 航空计算技术, 2014, 44 (4): 2-5.

[45] 张洪海, 许炎, 张哲铭, 等. 终端区空中交通流参数模型与仿真. 交通运输系统工程与信息, 2014, 14 (6): 58-64.

[46] 常茂军. 机场终端区容量动态预测方法研究. 南京: 南京航空航天大学, 2007.

[47] 傅建军. 机场地面容量评估研究. 南京: 南京航空航天大学, 2005.

[48] 李铮. 终端区扇区划设方法研究. 天津: 中国民航大学, 2009.

[49] 李树军. 多机场终端区空时资源分析. 电脑知识与技术, 2014, 10 (17): 3967-3971.

[50] Costa G. Evaluation of workload in air traffic controller. Ergonomics, 1993, 36 (2): 1111-1120.

[51] Collet C, Averty P, Dittmar A. Autonomic nervous system and subjective ratings of strain in air-traffic control. Applied Ergonomics, 2009, 40 (1): 23-32.

[52] Mogford R, Murphy E, Guttman J. Using knowledge exploration tools to study airspace complexity in air traffic control. The International Journal of Aviation Psychology, 1993, 4 (1): 29-45.

[53] 赵征, 胡明华. 机场历史高峰服务能力评估方法研究. 航空计算技术, 2015 (1): 17-21.

[54] 王红勇, 赵嶷飞, 王飞, 等. 空中交通管制扇区复杂度评估研究. 交通运输系统工程与信息, 2013, 13 (6): 147-153.

[55] Gilbo E P. Airport capacity: Representation, estimation, optimization. IEEE Transactions on Control Systems Technology, 2002, 1 (3): 144-154.

[56] 我国部分主要城市机场跑道使用情况. 交通世界, 2013 (9): 37-39.

[57] 张洪海, 胡勇, 杨磊, 等. 多机场终端区进场交通流建模与仿真分析. 交通信息与安全, 2015, 1 (33): 105-112.

[58] 张洪海, 胡勇, 杨磊, 等. 多机场终端区微观交通流建模与仿真分析. 西南交通大学学报, 2015, 50 (2): 368-374.

[59] 张洪海, 杨磊, 别翌荟, 等. 终端区进场交通流广义跟驰行为与复杂相变研究. 航空学报,

2015，36（3）：949-961.

[60] International Civil Aviation Organization. Rules of the Air and Air Traffic Services（DOC4444）. Montréal：International Civil Aviation Organization，1996.

[61] Terrab M. Ground-Holding Strategies for Air Traffic Control. Cambridge：Massachusetts Institute of Technology，1990.

[62] 徐肖豪，李雄. 航班地面等待模型中的延误成本分析与仿真. 南京航空航天大学学报，2006，38（1）：115-120.

[63] 朱代武，曾婧涵，刘志恒. 基于改进的单服务台混合制模型的终端区飞行效率研究. 科技创新报，2013，24：37-41.

[64] 张静. 2002 年世界前 100 家航空公司经营状况. 中国民用航空，2004（1）：71-73.

[65] Hu X B，Chen W H. Receding horizon control for aircraft arrival sequencing and scheduling . IEEE Transactions on Intelligent Transportation Systems，2005，6（2）：189-197.

[66] Hajeala P，Lin C Y. Genetic search strategies in multi-criterion optional design structural optimization. Structural Optimization，1992，4（2）：99-107.

[67] 陶冶，白存儒，由嘉. 基于遗传算法的起降航班动态排序模型的研究. 中国民航学院学报，2005，23（4）：6-9.

[68] 陶冶，白存儒. 基于遗传算法的航班动态排序模型的研究. 中国民航学院学报，2005，16（5）：3-7.

[69] Andersson K，Hall W，Atkins S，et al. Optimization-based analysis of collaborative airport arrival planning. Transportation Science，2003，37（4）：422-433.

[70] 杜文晖. 一种新的多目标优化遗传算法. 西安：西安科技大学，2010.

[71] Goldberg D E，Lingle R. Alleles lociand the traveling salesman problem. International Conference on Genetic Algorithms，Pittsburgh，1985：154-159.

[72] 杨晶妹. 终端区进场航班排序方法研究. 南京：南京航空航天大学，2010.

[73] Vranas P B M，Bertsimas D J，Odoni A R. The multi airport ground holding problem in air traffic control. Operations Research，1994，42（2）：249-261.

[74] Lee H B，Balakrishnan H. Fuel cost，delay and throughput tradeoffs in runway scheduling. American Control Conference，Seattle，2008：2449-2454.

[75] 崔逊学，方廷键. 多目标进化算法的研究. 中国科学基金，2002，1：17-19.

[76] 王小平，曹立明. 遗传算法——理论、应用与软件实现. 西安：西安交通大学出版社，2002.

[77] 胡明华，徐肖豪. 空中交通流量控制的地面保持策略. 南京航空航天大学学报，1994，26（增刊）：26-29.

[78] 胡明华，陈爱民，徐肖豪，等. 多元受限的地面等待策略问题研究. 南京航空航天大学学报，1998，30（1）：42-46.

[79] 胡明华，李丹阳，李顺才. 空中交通地面等待问题的网络流规划模型. 东南大学学报，2000，30（3）：104-108.

[80] 张兆宁. 基于流量和滑动窗的空中交通管理动态排序算法. 交通运输工程与信息学报，2004，2（3）：22-25.

[81] 仇兆巨. 珠三角地区多机场航班放行策略研究. 南京：南京航空航天大学，2012.

[82] 刘丹，韩松臣，舒旎. 多跑道起降航班排序模型和算法研究. 武汉理工大学学报（信息与

管理工程版），2011，33（1）：27-31.

[83] Ezberger H，Toibas L. Time-Based Concept for Terminal Area Traffic Management. Ames Research Centre Moffett Field，NASA-TM-88243，1986.

[84] Tobias L，Volckers U，Erzberger H. Controller Evaluation of the Descent Advisor Automation Aid. NASA Ames Research Centre，Moffett Field. NASA-TM-102197，1989.

[85] 中国民用航空总局. CCAR-93TM-R2 中国民用航空空中交通管理规则. 民航总局令第 86 号，1999.

[86] 何智，高超，姚凯，等. 终端区空中交通流量管理中的航班动态排序系统研究. 交通与计算机，2005，23（2）：119-122.

[87] 程晓航，薛惠锋，洪鼎松，等. 进港飞机调度的精华自适应遗传算法设计. 交通与计算机，2006，24（6）：91-94.

[88] 李伟，王仲生. A 算法在终端区飞机排序中的应用. 科学技术与工程，2007，7（11）：2594-2598.

[89] 陈炜炜，耿睿，崔德光. 进近区域到达航班排序和调度的优化. 清华大学学报（自然科学版），2006，46（1）：157-160.

[90] 马正平，崔德光，陈晨. 空中交通进近排序及优化调度. 清华大学学报(自然科学版)，2004，44（1）：122-125.

[91] Carr C G，Erzberger H，Neuman F. Airline arrival prioritization in sequencing and scheduling . 2nd USA/Eruope Air Traffic Management R&D Seminar，Orlando，1998.

[92] Fahle T，Feldmann R，Götz S，et al. The Aircraft Sequencing Problem. Computer Science in Perspective，New York：Springer，2003：152-166.

[93] 刘娟，黄维平. 二重结构编码遗传算法在传感器配置中的应用. 振动、测试与诊断，2004，24（4）：281-284.

[94] 许凯华，滕玮，刘玉华，等. 基于二重编码的遗传算法求解连接增强问题. 网络、信息与安全，2007，43（14）：116-123.

[95] 韩大勇，李建宇，吕贵宾，等. 基于改进遗传算法的满堂支架传感器优化布置. 施工技术与测量技术，2014，34（6）：205-207.

[96] 黄民水，朱宏平，李炜明. 基于改进遗传算法的桥梁结构传感器优化布. 震动与冲击，2008，27（3）：82-86.

[97] 王莉，绍定宏，陆金桂. 基于遗传算法的 0_1 背包问题求解. 计算机仿真，2006，23（3）：154-156.

[98] 肖波，靳桅，侯孟书. 基于遗传算法的 P2P 激励机制. 西南交通大学学报，2005，40（3）：417-421.

[99] 张焱，裘丰皇. 基于遗传算法的考虑优先约束和负载平衡的多任务调度. 计算机工程与应用，2003，12（3）：86-88.

[100] 刘红梅. 遗传算法求解 TSP 问题. 信息技术，2007，8（56）：122-124.

[101] 龙小琼，郁松年. 自适应最优保存的模拟退火遗传调度算法研究及其应用. 计算机工程与应用，2004，17（3）：64-66.

[102] 剡昌锋. 邮包自动化仓库的调度优化与堆垛机的智能控制的研究. 沈阳：沈阳工业大学，2002.

[103] 剡昌锋，吴黎晓，胡赤兵，等. 自动化仓库在线调度问题的研究. 机械研究与应用，2002，15（4）：23-25.

[104] 马正平. 空中交通进近区域流量管理建模及优化调度研究. 北京：清华大学，2004.

[105] Beasley J E，Sonander J，Havelock P. Scheduling aircraft landings at London Heathrow using a population heuristic. Journal of the Operational Research Society，2001，52（5）：483-493.

[106] 余江，刘晓明，蒲云. 飞机着陆调度问题的 MPS 优化算法研究. 系统工程理论与实践，2004，24（3）：119-122.

[107] 游进军，纪昌明，付湘. 基于遗传算法的多目标问题求解方法. 水利学报，2003，7：64-69.

[108] 吴新余，马敏肖. 遗传算法在多目标规划中的应用. 南京邮电学院学报，1996，2：22-25.

[109] 张洪海. 机场终端区协同流量管理关键技术研究. 南京：南京航空航天大学，2009.

[110] 张洪海，胡明华. CDMADGDP 机场容量与时隙协同配置. 系统工程理论与实践，2010，30（10）：1901-1908.

[111] Zhang H H，Zhang Q Q，Yang L. A user equilibriam assignment model of air traffic flow in multi-airport open network system. Mathematical Problem in Engineering，2015（1）：1-11.

[112] 张维明，姚莉. 智能协作信息技术. 北京：电子工业出版社，2002.

[113] 杨俊芳. 智能 AGENT 技术在信息检索中的应用. 山西电子技术，2004（4）：25-26.

[114] 张洪海，胡明华. 基于 MAS 协调的 CDMGDP 时隙动态交易. 信息与控制，2009，38（6）：665-679.

[115] 张洪海，胡明华. 协同地面延误机场时隙 MAS 动态协调交易. 系统工程学报，2010，25（3）：394-300.

[116] 张洪海. 空中交通流量协同管理. 北京：科学出版社，2016.

[117] 易伟华. 基于多 Agent 协调的资源调配研究. 武汉：华中科技大学，2006.

[118] 易伟华，夏海光，陈学广. 基于 BDI 和知识水平的分布式协调推理. 系统工程，2004，22（7）：93-98.

[119] Bratman M E. Intentions，Plans，and Practical Reason. Harvard University Press：Cambridge，1987.

彩　　图

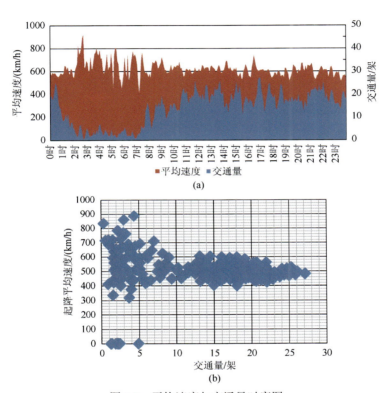

图 2.7　平均速度与交通量时序图

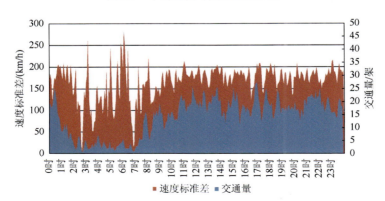

图 2.8　速度标准差与交通量时序图

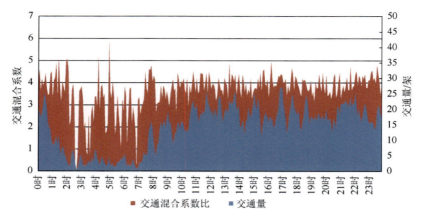

图 2.9　交通混合系数与交通量时序图

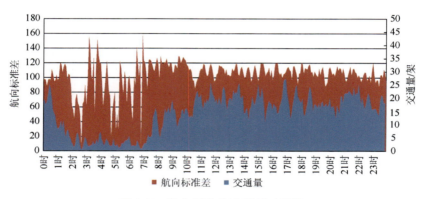

图 2.10　航向标准差/交通量时序图

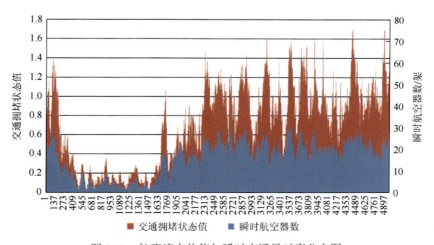

图 2.11　航班流态势值与瞬时交通量时序分布图

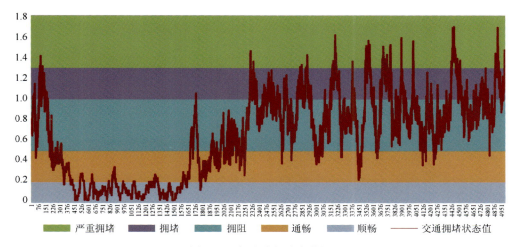

图 2.13　航班流拥堵态势图

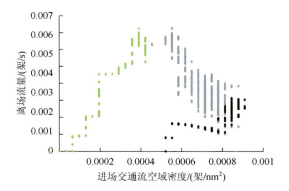

图 2.34　进场密度与离场流量趋势关系

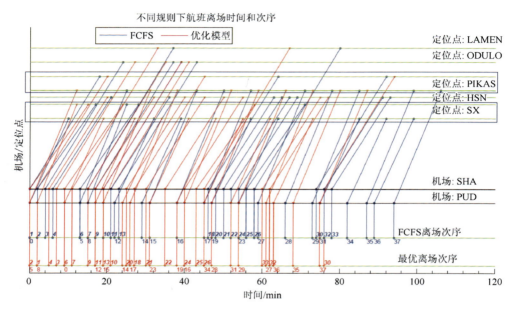

图 3.8　不同规则下航班排序和离场时间（$k=6$）

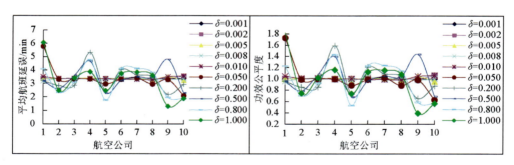

图 5.7　不同参数取值的用户均衡情况分析